世界の
カレー
図鑑

監修：ハウス食品株式会社

世界のカレー&サイド料理100種と
カレーを楽しむための基礎知識

マイナビ

世界のカレー図鑑　CONTENTS

世界のカレーを訪ねる ……………… 6
カレーの世界史 ……………… 8
カレーの日本史 ……………… 12
本書を読む前に ……………… 18

Part 1
世界のカレー図鑑 …… 19

インド

バターチキンカレー ………………	20
サンバル ………………	22
パラクパニール（ほうれん草とチーズのカレー） …	23
サグチキン（ほうれん草と鶏肉のカレー）……	24
マトンコルマ（羊肉のクリームカレー）……	25
キーマカレー ………………	26
チャナマサラ（ひよこ豆のカレー）………	27
チキンマサラ ………………	28
ベジタブルコルマ（野菜のクリームカレー）……	29
アルーベイガン（じゃがいもとなすのカレー）……	30
ベイガンバルタ（なすのカレー）………	31
ダールタルカ（豆のカレー）………………	32
ケララフィッシュ（ケララ風魚のカレー）……	33
ケララチキン（ケララ風鶏肉のカレー）……	34
マドラスビーフ（マドラス風牛肉のカレー）……	35
アーンドラチキン（アーンドラ風鶏肉のカレー）……	36
ポークヴィンダルー（豚肉の酸味カレー）……	37
ラッサム（黒こしょうの酸味カレー）………	38
コロンブ（ココナッツ風味の野菜カレー）……	39
ゴアンプロウン（ゴア風海老のカレー）……	40
純印度式カリー ………………	41
コールマンカリー ………………	42

パキスタン

ムルギカリー（鶏肉のカレー）………………	43
マチリカリー（魚のカレー）………………	44
ナルギシ・コフタ・カリー（卵入りミートボールのカレー）………………	45
鶏の砂肝カレー ………………	46
ピンディーカレー（オクラのドライカレー）……	47

スリランカ

ワアンバトゥモージュ（揚げなすのカレー）……	48
きゅうりのスープカレー ………………	49
パリップ（豆のカレー）………………	50
カボチャのカレー ………………	51

ネパール

ダル（豆のカレースープ）………………	52
ハリヨ・パトマス・コ・タルカリ（枝豆のカレー）………………	53
アル・ベンタ・タルカリ（じゃがいもとなすのドライカレー）………	54

🇧🇩 バングラデシュ

マーチカリー（白身魚のカレー）………	55

🇮🇩 インドネシア

ソトアヤム（鶏肉のカレースープ）………	56
ペスモールイカン（揚げ魚のカレー）……	57

世界のカレー図鑑　CONTENTS

🇲🇲 ミャンマー

ウエッターヒン（豚肉のカレー） ……………… 58
オンノウカウソエ
（ココナッツミルクの鶏肉カレー麺） ……………… 59

🇹🇭 タイ

ゲーン・キャオワン・クン
（海老のグリーンカレー） ……………… 60
ゲーン・ペッ・ヌア（牛肉のレッドカレー） …… 62
ゲーン・カリー・ガイ（鶏肉のイエローカレー）… 63
プー・パッ・ポン・カリー
（蟹の玉子カレー炒め） ……………… 64
ゲーンハンレー（豚肉としょうがのカレー） ……… 65
ゲーン・マッサマン・ガイ
（鶏肉とピーナッツのカレー） ……………… 66
パッ・パネーン・ムー
（豚肉と野菜の濃厚カレー） ……………… 67
ゲーン・オム・ガイ（ディルのカレー） …… 68
ゲーンパー（野菜のスープカレー） ……………… 69
ゲーンソム（白身魚のカレー） ……………… 70

🇧🇳 ブルネイ

カリアヤム（鶏肉のカレー） ……………… 71

🇸🇬 シンガポール

フィッシュヘッドカレー（魚の頭のカレー） … 72
ラクサ（スパイシーココナッツミルク麺） ……… 73

🇲🇾 マレーシア

ケタムマサラマ（蟹のカレー） ……………… 74
イカンマサラマ（魚のカレー） ……………… 75

アフリカ

🇰🇪 ケニアカレー ……………… 76
🇨🇲 マフェ（ピーナッツのカレー） ……… 77

🇫🇯 フィジー

カリソロワ（海老のカレー） ……………… 78
カリトア（鶏肉とじゃがいものカレー） ……… 79

🇻🇳 ベトナム

カームォイサーオット（魚のカレー炒め） …… 80
カーリガー（鶏肉のカレー） ……………… 81

🇰🇭 カンボジア

ノムバンチョック・サムロー・プロハークテイ
（グリーンカレー麺） ……………… 82
カリーサラマン（豚肉の赤いカレー） ……… 83

🇱🇦 ラオス

オップグア（牛肉のカレー炒め） ……………… 84

🇯🇲 ジャマイカ

カリチキン（タイム風味の鶏肉のカレー） …… 85

🇺🇸 アメリカ

ハンバーグカレー ……………… 86
🇺🇸 ハワイアンカレー ……………… 87

🇬🇧 イギリス

ビーフカレー ……………… 88

日本で生まれたカレー料理 …… 89
日本人に愛され続けるロングセラーの
インスタントカレーヌードル ……… 90

🇯🇵 日本

ドライカレー(ケムリカレー) ……………	92
とりと野菜のスープカレー(ケムリカレー) …	94
ピンクカレー ………………………………	95
なすとチキンのカレー(curry 草枕) ………	96
海老とプチトマトのカレー(curry 草枕) …	97
アボカドカレー(もうやんカレー 大手町店) …	98
チーズカレー(もうやんカレー 大手町店) …	99
金沢ロースカツカレー(ゴーゴーカレー) …	100
ベジタブルミールス(とら屋食堂) ………	101
よこすか海軍カレー ………………………	102

独自に進化した「**大阪のカレー**」特集

出汁キーマ(虹の仏) ………………………	103
アアベルチキンカレーとあさりとのらぼう菜のマサラのあいがけ(アアベルカレー) …	104
キーマカレー(Columbia8) ………………	105
ベジラムキーマ(curry家Ghar) …………	106
ボタニカリー合いがけポージョ(ボタニカリー) ………………………………	107
3色カレー(バンブルビー) ………………	108

レトルトカレー&カレールー大図鑑 …… 109
世界初の市販用レトルトカレー
ボンカレーの話 …………………… 110

レトルトカレー ………………………………	112
カレールー …………………………………	118
人気のタイカレー …………………………	120

Part 2
カレーにあうサイド料理 …… 123

タンドリーチキン ………………………	124
シークカバブー …………………………	125
チキンテッカ(ホットハウス トレッサ横浜店) …	126
アルーマサラ ……………………………	127
アルーゴビ ………………………………	128
ビンディーマサラ ………………………	129
チキンビリヤニ …………………………	130
ゴーヤのアチャール、トマトチャトニー …	131
ナン、チーズナン(ホットハウス トレッサ横浜店) …	132
マサラチャイ(ホットハウス トレッサ横浜店) …	133
トードマンプラー、ソムタム(コカレストレストラン&マンゴツリーカフェ有楽町) ……	134
鴨あぶり焼き、ラタトゥイユ(もうやんカレー 大手町店) …	135
スパイス味噌のなす田楽、クミンとシソのにんじんラペ(ケムリカレー) ……	136

世界のカレー図鑑　CONTENTS

Part 3
世界のスパイスカレーの作り方 ……… 137

純印度式カリー（新宿中村屋） ………………… 138
ピンディーカレー ……………………………… 140
アル・ベンタ・タルカリ ……………………… 142
パリップ ………………………………………… 144
ソトアヤム ……………………………………… 146
カームォイサーオット ………………………… 148
ゲーン・キャオワン・クン
（コカレストレストラン＆マンゴツリーカフェ有楽町）………… 150
ラクサ …………………………………………… 152
ドライカレー …………………………………… 154

知っておきたい
カレーに使う調味料＆食材 …………………… 156

カレーのためのスパイス＆ハーブ図鑑 ……… 158
カレーのためのフレッシュハーブ＆フルーツ図鑑 … 168
オリジナルのミックススパイスを作ろう！ … 170

SHOP DATA ……… 174
奥付 …………………… 176

※本書に登場する呼び名（カレールー、カレールウ）は各社商品名に基づき記載しています。ただし、本文などは一般的に使用されている「カレールー」と書いています。「カレー」または「カリー」はその国や店の呼び名で、どちらも同じ意味です。また、商品はすべて2019年7月現在に販売されているものです。

世界のカレーをたずねる

世界中で食されているカレーは、本場のインドからイギリスや東南アジアまで、その国の食文化をもとに、さまざまな味にアレンジされています。それぞれのカレーにある背景とは、味や作り方とは。この本では、知っているつもりだけど実は知らなかった、奥深いカレーの世界を紹介します。

イギリス P88
ネパール P52~54
ミャンマー P58~59
ベトナム P80~81
パキスタン P43~47
バングラデシュ P55
ラオス P84
セネガル P77
アフリカ
インド P20~42
タイ P60~70
ケニア P76
スリランカ P48~51
マレーシア P74~75
ブルネイ P71
シンガポール P72~73
インドネシア P56~57

インド
北インドは鶏肉を使ったこってり系、南インドは野菜中心のさらさらしたカレーが多い。豆のカレーはインド全土で食べられている。

パキスタン
インドに近いため、北インドと南インドをミックスさせたものが多い。鶏肉を使った汁気の多いムルギカレーが有名。

スリランカ
豆やなすを使うものが中心でスパイスを効かせたあっさり系。ひとつの野菜だけで作るカレーも多い。

ネパール
野菜が中心で豆をよく使用。レンズ豆や枝豆も頻繁にカレーの具材になる。辛さは控えめ。

バングラデシュ
「米と魚の国」と呼ばれるほど、魚を使ったカレーが中心。スパイシーで食べごたえのあるものが多い。

インドネシア
さらさらしたスープのようなカレーが多く、どれもターメリックが効いた独特のスパイス使い。

※国名は正式名ではなく、一般的に知られている呼び方で記載しています。

ミャンマー
インドと中国が融合されたような食文化。スパイスは控えめで油を使い、中華麺で食べるカレーが親しまれている。

タイ
ハーブを中心に作ったカレーペーストを使用。独特なさわやか風味と刺激的な辛さはハーブ＆スパイスの融合。

ブルネイ
イスラム教国のため豚肉とアルコールが禁止。野菜と鶏肉、ココナッツミルクを使用したものが特徴。

シンガポール
複数の民族で構成されているため、あらゆる国の特徴が生かされている。ハーブを使ったカレーも多い。

マレーシア
唐辛子とカレー風味が大好きな国。煮物はもちろん、炒め物や揚げ物などもカレー味の料理が充実。

アフリカ（ケニア・セネガル）
東のケニアはスパイスを効かせた辛みのあるこってり系。西のセネガルではピーナッツを使った辛みの弱いものが主流。

フィジー
魚介のカレーが中心だが、種類は問わず肉も食べる。スパイスは水で溶いてから炒めるのが特徴的。

ベトナム
植民地だったフランスの影響を受け、カレーはバゲットで食べることが多い。地域ごとに辛さや味付けが異なる。

日本
P92~108

アメリカ
P86

カンボジア
P82~83

ハワイ
P87

フィジー
P78~79

ジャマイカ
P85

カンボジア
スパイス料理は盛んだが、比較的マイルドな味付け。辛みをおさえたスープのようなカレーがメイン。

ラオス
内陸国なので山と川で取れるものやハーブが中心。辛さはおだやかでシンプルかつヘルシーなカレーが多い。

ジャマイカ
香り付けにフレッシュなハーブを使った、体にやさしいマイルドなカレーが多い。酸味にはライムを使用する。

アメリカ
カレー自体は日本のものに近いが、食べ方がダイナミック。ステーキやハンバーグをトッピングする。

ハワイ（アメリカ）
粉末のカレールーがスーパーで売られているほど日常食。フルーツを使った甘酸っぱいものが多い。

イギリス
とろみが強くシチューのような感覚。フルーツの甘みとスパイスの風味が効いたマイルドなカレー。

日本
トッピングも含め、オリジナリティーのあるカレーが多い。ドライカレーやスープカレーは日本生まれ。

カレーの世界史

「東洋の神秘」といわれたカレーに使われるさまざまなスパイスはインドが発祥の地。そのスパイスの精華を当時の大英帝国がヨーロッパに持ち込み、アジアに逆輸入されたと伝えられています。そんなカレーがどのように生まれて、世界に広がっていったのか、その軌跡をたどってみましょう。

カレーの発祥と起源

　日本人におなじみのカレーの発祥の地は諸説ありますが、インドが定説になっています。もともとは「色々なスパイスで具材を煮込んだシチュー」だったようです。その起源は古く紀元前2200年〜2500年のインドの遺跡の中からガーリック、ターメリック、ジンジャーなどの成分が発見されました。また、南インドの寺院で9世紀の石碑に、神様にお供えするごはんの調味料として、コリアンダー、こしょう等の名が刻まれていて、今のカレーに近い調理法がこの時代すでに成立していたことがわかります。

「カレー」語源はインドのタミル語

　もともとはインドのタミル語でkari（カリ）と読まれていたものが語源といわれています。15世紀半ばの大航海時代にヨーロッパ各国がカルダモン、クローブ、ブラックペパーを主流としたスパイスに目をつけ、インド西海岸にわたりました。kariをポルトガル語読みでcarel（カレル）と発音。それが英語発音でcurry（カレー）となったのが主な説になっていますが、これも、諸説があります。その後19世紀中ごろにイギリスの東インド会社により英国料理として普及し、世界各国にカレーが伝わるようになりました。

インドのカレーがヨーロッパにわたる

英国「東インド会社」の功績

　16世紀にはポルトガル人のガルシア・ダ・オルタという人物が、『インド薬草・薬物対話集』を出版。その本の中でカレーを作り、食べたことが記述されています。

　スパイスは滋養強壮、消臭、そして味付けなど多様な用途に役立ち高価なものとされ、ヨーロッパの各国はスパイスを求めてインドに殺到していました。オランダ、ポルトガル、スペイン、そしてイギリス。最終的に勝利を手にしたのはイギリスでした。17世紀に入り、イギリスはインドに「東インド会社」を設立、高価なスパイスを輸出し自国の繁栄に貢献。

その後カレーの素となるスパイスがイギリスに伝わり、カレーが食べるようになったよう。当時のイギリスで食べられていたカレーは材料が高価であったため、上流階級の人々が食べるものだったとか。カレーを広めたとされるポルトガルより先に、イギリス人がカレーを食べたのかどうかは定かではありませんが、その後カレーは、ヨーロッパ全土に広まっていきました。

18世紀
発祥の地インドからイギリス、そしてアジアへ

イギリスの誇る国民食 カレーはとろみが特徴？

イギリスでは主食のパンに加え、副食として主にじゃがいもを調理して食べることがスタンダード。イギリス料理は同じヨーロッパでもフランス、イタリアほど有名ではないことに加え、あるアンケートではイギリス料理は味付けしないのであまり評判が良くありませんでした。しかしカレーは、ソースを重んじるフランス料理の影響から小麦粉でルーを作り、とろみをつけて味付けし、おいしいイギリスの国民食になりました。そのカレーがアジアへ逆輸入されたのは18世紀ごろです。

イギリスの雑誌に カレーのレシピが載る

カレーがインドからイギリスに渡来したものの、ヨーロッパ中に広まるまでには至りませんでした。独特の辛みはフランスやイタリアではまだ浸透せず、北アフリカ、中近東に広まる程度。また、18世紀初頭にはカレーのレシピがある雑誌に掲載されましたが、内容は「ペパー30粒、米大さじ1、コリアンダー適量をつぶし、肉にまぶして、水を加え煮る」といったレベルで、どうやらインドに行ったこともカレーを食べたこともない著者だったようです。

19世紀
イギリスでカレー粉が製造・販売される

19世紀初頭にカレー粉が登場

　さまざまなスパイスを混ぜあわせてパウダーにしたカレー粉の製造・販売が開始されたのが19世紀初頭。インド帰りのイギリス人がスパイスやマサラに注目してクロス・アンド・ブラックウェル社によって製品化されました。このカレー粉の製造により、ようやく一般家庭にもカレーが浸透。その後、多種多様なスパイスを調合して省略化を図ったカレー粉も誕生し、より世界各地にカレー粉が広まりました。

　食の本場フランスでもカレー風味の料理が人気を博したそうです。カレー粉の製造はカレーが簡単に作れる世界的な商品として浸透していきました。日本では20世紀(1903年)になってから製造されました。

カレー粉の7つ道具

　カレーは当時のヨーロッパでは「東洋の神秘」といわれるほど繊細な香りと味で人々を魅了したのですが、本場インドのカレーの基本スパイスは、クミン、カルダモン、ガラムマサラ、コリアンダー、レッドペパー、ターメリック、アジョワンの7種類だそうです。本格的なカレーはこれらを調合して作ります。もちろんこの7つ道具以外のスパイスも含め複雑で繊細な香りと味がカレーの真骨頂です。その意味でカレー粉の製造は画期的な出来だったのです。

カレーの日本史

日本人の大好きなカレーは、明治時代初期から現在まで形を変えて進化し、大勢の人々に食されています。日本人の独特の味付けや生活習慣からレトルトカレーに進化。また、うどんやパンなどにカレーを使い国民的な食べ物になりました。

福沢諭吉がコルリと紹介

日本人が海外でカレーを知る

カレーの3大野菜、にんじん、じゃがいも（馬鈴薯）、玉ねぎなどは、もともと西洋の野菜です。日本で栽培されるようになったのは、にんじんは元禄7年～9年（1694年～96年）ごろ、じゃがいもは宝永3年（1706年）、玉ねぎは明治4年（1871年）のこと。江戸末期にはまだカレーは渡来していませんでしたが、万延元年（1860年）に福沢諭吉が日本で初めてカレーを紹介したとされる「増訂華英通語」では「curry」を「コルリ」と表記。また文久4年（1864年）には江戸幕府の使節団・岩松太郎が海外渡航の中で、アラビア人がカレーと思われる物をかき混ぜて食事する様子を、あまり好意的ではないと記述しています。江戸の後期はカレーに対して西洋の不思議な食べ物という印象があったようです。しかし、文明開化によりカレーは多くの人に食べられるようになります。

文明開化と同時にカレー到来

肉食解禁でカレーを含めた西洋料理ブームに

日本にカレーが伝来した経緯は諸説ありますが、イギリスから日本にカレー粉が伝わったのは明治3年（1870年）とされています。スパイスを調合して作るのではなく利便性のあるカレー粉ですから、簡単にカレーを作ることができたのです。明治の文明開化により、それまで禁止されていた肉食が解禁され（明治4年）洋食専門店が次々と出店するようになりました。カレーへの興味も高まり、高級料理「ライスカレー」として人気を博するようになりました。ここからカレーは日本の洋食文化の中心になっていきます。

オムレツ、カツレツは大衆食、カレーは高級食

675年、天武天皇が仏教を広く伝えるための「肉食禁止令」（牛、馬、犬、猿、鶏）を発布して以降、日本人にとって肉食は一般的ではありませんでした（猪や鹿は例外とされていました）。明治4年の肉食解禁により一気に洋食ブームになりました。というより、文明開化の西洋食の伝来により肉食容認の雰囲気が漂ったためとも考えられます。特にオムレツ、カツ

レツはライスカレーより人気がありました。明治後期までカレーは高級食として、まだ大衆には手が届きませんでした。

カレーレシピの中ではなじみのないカエルの肉を使っていた

明治5年（1872年）に刊行された『西洋料理指南』ではカレーの具材に赤ガエルの肉を使ったレシピが紹介されています。日本人にとってカエルはゲテモノですが、フランスではれっきとした料理の食材。明治の初期、西洋料理は中国人の料理人が多く西洋との橋渡し役を務めていました。英語の喋れる中国人コックが英語のレシピから洋食を作っていたようです。このころにはすでに牛肉を入れたカレーも食されています。肉食禁止からの解放は日本人の食文化を大きく変えました。

大衆食になる前に陸軍、札幌農学校でカレー食の実施

　明治の初期はまさにライスカレーが広まった時期でした。一般大衆より先に、明治6年(1873年)陸軍幼年学校で土曜日はカレーの日と定められました。明治9年(1876年)には札幌農学校で、クラーク博士によるライスカレーを一日おきに食べる案が実施されました。これにはわけがあり、和食だけでは栄養不足になりがちなので西洋食も取り入れることでバランスをとるという博士の提案でした。まさに西洋食神話の始まりかもしれません。こうしてカレーは学校などで多くの人に広まっていったのです。

カレーに使う3大野菜が食べられるまでには長い年月がかかった

　明治初期はカレーに使用する3大野菜のにんじんは朝鮮にんじんも使われていたようで、"カレーはにんじん臭い"と書かれています。(『カレーライスの誕生』講談社刊)また、玉ねぎは当時手に入りにくかったため、長ねぎを使用していて、明治19年(1886年)のレシピで玉ねぎがようやく登場しています。つまり、明治の中ごろから今のようなじゃがいも、玉ねぎ、にんじんという3大野菜が主に使われるようになったと推測できます。西洋野菜が普及するまでには長い年数がかかりました。

明治の末期にカレーは高級食から大衆的な食べ物に

　明治36年(1903年)薬問屋だった大阪の「今村弥」(現ハチ食品)が日本で初めてカレー粉の製造・販売をしました。比較的高価だったC&B社の輸入に頼っていたカレー粉が、国内産で発売されるようになりました。以後カレー粉を使ってカレー南蛮などがお店のメニューを飾り、カレーは高級食から大衆食への第一歩を踏み出したのです。その後、大正12年(1923年)に日賀志屋(現エスビー食品)もカレー粉を国内で製造・販売に至ります。

大正と昭和
和風アレンジカレーも登場

和風の味付けカレーや
カレーうどんも登場した時代

　カレー粉使用の大正時代のライスカレーのレシピでは、カレー粉のほかに調味料として、砂糖、塩、濃口しょうゆ、カツオだし汁、牛脂を加えていたようです。また、関東大震災以後にはカレーうどんなどが評判。カレー南蛮、カレー丼などもお蕎麦屋さんのメニューに登場しています。現在の価格で230円〜250円という、かなり安い値段でした。

浦上商店カレーの製造・販売。
本格的なインドカレーが登場

　大正15年(1926年)浦上商店(現ハウス食品)が「ホームカレー」を発売したのは画期的でした。2年後「ハウスカレー」に商品名が変更されましたが、カレーの大衆化がますます進んだ時代です。そして、昭和2年(1927年)新宿中村屋の喫茶部で「純印度式カリー」を80銭で提供。当時のライスカレーの10倍の値段にも関わらず大人気、本格的なインドカレー店の走りとなりました。

カレーパンも製造・販売され、
カレー似の「ソーライス」も

　カレー食品の中でもユニークだったのは昭和2年に名花堂で製造、販売されていた今のカレーパンの原形となるものです。パンの中にカレーを入れるという発想は今までにない新しいものでした。また、昭和4年(1929年)に大阪梅田の阪急百貨店食堂において20銭でライスカレーを販売。外食としては安いカレーで人気を博しました。その一方で、世界恐慌により、ごはんにソースをかけ「カレー」を食べた気分になる「ソーライス」という安価なメニューもありました。

戦時中カレー粉は軍事用以外に
製造・販売中止に

　カレーの大衆化にともない昭和5年(1930年)、ハウス食品に次いでエスビー食品の「ヒドリ印カレー粉」が発売されました。しかし、忍びよる戦争の影により昭和16年(1941年)政府の食料統制が実施され、軍事用以外のカレー粉の製造・販売が禁止になりました。カレー粉の製造・販売が再開されるのは5年後の昭和21年(1946年)のことです。さらに、戦後になってからは、あの文明開化の洋食ブーム以上にカレー文化は活況を呈するようになります。

インドカレーの専門店創業、カレールーの誕生

　戦後の食糧不足は深刻だったのですが、復興は意外に早く、欧米やアジアからの進出も顕著でした。昭和23年（1948年）カレーが全国の学校給食に導入されました。そして、昭和24年（1949年）インド人による本格的なカレー専門店「ナイルレストラン」が創業され、今でもカレー専門店の老舗として人気です。それから1年後、ベル食品からカレールーが発売され、粉から使いやすい固形に進化してカレー食が家庭へ一気に浸透していきます。

軍隊帰りの青年たちが地元でカレーの味を広める

　カレーなど洋食が大衆化したといってもまだ都会での現象でした。ところが戦後、軍隊でカレーの作り方を覚えた青年が地方に帰っておいしさを伝え「軍隊カレー」が広まったといわれています。海軍カレーの呼び名で広く知れわたり「よこすか海軍カレー」、「呉海自カレー」など町おこし的な地元名産としても有名です。

インスタント食品の普及とともにカレーも大きく進化

　インスタントコーヒーが輸入されたのが昭和31年（1956年）。即席ラーメンの発売はその2年後。カレーもカレー粉から固形カレールーへと進化していきました。まさに昭和の30年代中ごろは固形カレールーブームとなりました。街中にカレーの宣伝カーが走り回り、ライバル同士の会社が鉢あわせしたり、戦後復興期のピークの喧騒と同時にカレールーの出現で簡単に作れるカレーは各家庭でよく食べる人気者になっていきました。

CM展開で幅広い年齢層にカレーが浸透する

　カレーは辛い食べ物という認識をくつがえしたのが昭和38年（1963年）に発売されたハウス「バーモントカレー」。小さな子供にも食べられるようにリンゴとハチミツを入れており、子供ばかりではなく辛いものが苦手な人にも人気を博したようです。カレーは大人の食べ物という視点から一歩前進し、幅広い世代が楽しめるものになりました。CMの西城秀樹の歌も印象的。

レトルトから宇宙食にまで

ユニークなカレーのネーミングと有名店の誕生

昭和35年（1960年）以後カレーは斬新でアイディアに富んだ商品が次々に発売されました。「印度カレー」、「バーモントカレー」、「ジャワカレー」（すべてハウス食品）「グリコワンタッチカレー」（江崎グリコ）などです。

その後、「ボンディ」昭和48年（1973年）が東京・神保町に、「カレーハウスCoCo壱番館」の1号店が昭和53年（1978年）にオープンし、家庭や外食にカレーは日本人にとって欠かせない食文化のひとつになったのです。

湯煎するだけのレトルトカレーは画期的

カレー業界で画期的だったのは、昭和44年（1969年）にレトルトカレーが発売されたことです。大塚食品の湯煎するだけでごはんにかけてすぐにカレーライスとして食べられる「ボンカレー」は、まさに即席カレーとしての極みでした。2年後には「ククレカレー」（ハウス食品）も参入。この年はカップヌードルの発売、マクドナルド銀座1号店開業の年でもあり、カレーも含め日本人の食文化の黎明期です。

カレーの日制定、宇宙食にまで発展

以降、昭和から平成にかけてインスタント系、本格カレー系とカレーライスは両面において長く国民食として愛されています。昭和57年（1982年）、1月22日がカレーの日と決まり全国の小中学校で一斉にカレー給食を出すほどにもなりました。平成9年（1997年）毛利衛さんが宇宙で初めてカレーを食べました。以来レトルトカレーは宇宙食のメニューにも採用されるようになったのです。

本書を読む前に

この本では、たくさんある世界のカレーとサイド料理、100種類を厳選して紹介しています。

図鑑の見方

- ■**カレーを制作した協力店名**
  (世界のカレー図鑑、世界のスパイスカレーの作り方)
  ※このアイコンが入っていないものは、『世界のカレー図鑑』編集部、South Point、藤沢セリカが製作しています。

- ■**データ**
  辛さやタイプ、あう主食や主に使っている食材、スパイスを紹介しています。

- ■**特徴**
  カレーの味や材料の特徴を紹介しています。

- ■**国名**

- ■**カレーの名前**
  その国の言葉を直訳しているのではなく、使用している素材の内容で表記しています。

  主に使用しているスパイスを写真で紹介しています。

  カレーのイメージ写真です。

- ■**豆知識**
  カレーのルーツや完成秘話、その国にまつわる豆知識などを紹介しています。

注意
- ■この本では、『世界のカレー図鑑』編集部が独自に調査し、セレクトした世界のカレーを紹介しています。
- ■本書の監修、ならびに出版社は、スパイス、カレールー、レトルトカレー等を使用して生じた一切の損傷、負傷、その他についての責任は負いかねます。
- ■カレーの名前について、現地で親しまれている呼び名をわかりやすくカタカナで表記しています。
- ■カレーの名前をカタカナ表記にすると長いものもあるので、その場合・(中点)を入れて読みやすくしています。

Part 1
世界の カレー図鑑

インドで生まれた、カリと呼ばれる料理はヨーロッパへわたり、東南アジアを中心に世界に広がりました。カリはその後、その国ごとにさまざまな素材を使った幅広い味付けの料理となり、呼び名も変わっていきました。共通することは、スパイスを使って作る香り高い魅力的な食べ物ということ。

では、私たちがカレーと呼んでいるものは、世界に何種類あるのでしょうか？　この本では、『世界のカレー図鑑』編集部が独自に調査した、世界のカレーとカレーと一緒に食べるサイド料理100種類を掲載。味や作り方の特徴や生まれた背景、メインのスパイス等ご紹介します。

インド

India

インドは複数のスパイスを使用して作る、スパイスカレーの発祥の地として知られています。しかし、古代のカレーに使われていたスパイスはターメリックや黒こしょうくらいだったようです。時代を経ていくつかのスパイスが栽培され、中東からもスパイスがインドに持ち込まれたことにより、現在のインド料理の基盤が作られました。インドのカレーは、北と南で大きく違います。その理由は宗教や気候、収穫できる作物などさまざま。主食も異なります。北インドではカレーにチャパティやナンなどをつけて食べるため、肉や乳製品、ナッツを使いコク深い濃厚な味わいで、とろみが強いのが特徴的。宮廷料理としても提供されます。一方南インドでは米が主食。ごはんになじみやすいさらりとした汁っぽいカレーが多く食べられています。また、南のカレーは北のカレーよりスパイスの風味が強く、南に行くほど辛さが強くなります。油脂もあまり使用しないため、素材の味をシンプルに味わうことができます。具材は北も南も羊肉や鶏肉、豆が定番ですが、南では野菜や魚介類を使ったさっぱりしたカレーが多いのも特徴です。

cardamom

clove

cinnamon

garam masala

India
バターチキンカレー

ホットハウス トレッサ横浜店

バターの香りが立つ、クリーミーでスパイシーな贅沢風味のカレー

辛　　さ	
タ　イ　プ	こってり
あう主食	チャパティ、ナン
主な食材	鶏もも肉、プレーンヨーグルト、バター、生クリーム
主なスパイス	カルダモン、クローブ、シナモン、ベイリーフ、ガラムマサラ

Part 1 世界のカレー図鑑

curry
01

🥄 特徴

甘みや酸味にコク、そしてスパイシーさ。日本でも人気の高い北インドを代表するカレー。生クリームを使い、こってりしながらも酸味があるのが特徴。鶏肉をヨーグルトやスパイスに漬け込むことにより生まれる濃厚な味は、一度食べたら忘れられないとクセになる人も多い。

🥄 豆知識

バターチキンカレーの発祥の地は、インド北西部ニューデリーのパンジャーブ料理店と、イギリスのインド料理店という二つの説がある。いずれにしてもバターチキンカレーは生クリームやバターをふんだんに使用するため、昔は上流階級の食べる料理だったと考えられている。

🇮🇳 India

サンバル

南インドを代表するカレー
毎日のように食卓に並ぶ味噌汁的存在

辛　　　　さ：	■■■□□□□□□□
タ　イ　プ：	さらさら
あう主食：	米、チャパティ
主な食材：	豆(トゥールダール)、大根、なす、トマト、玉ねぎ
主なスパイス：	ターメリック、コリアンダー、カイエンヌペパー、マスタード、赤唐辛子

curry 02

🍛 特徴

豆のコクととろみにタマリンドの酸味が効いた、カレーというよりはスープに近い料理。豆がベースで、大根やなす、オクラなどのさまざまな野菜を組みあわせて煮込むのが特徴。ごはんとの相性が良く、南印度ではほぼ毎日食卓に並び、レストランなどでもサイドディッシュとして付いてくる。

豆知識

昔から農業が盛んな南インドでは、豆と野菜を中心とした料理が豊富で、チャパティやナンなどのパン類よりは米が主食。そのため、さらさらとした水分の多いさっぱりしたスープ風のカレーが多い。サンバルもそのひとつで、ごはんにかけて食べる習慣がある。

パラクパニール

🇮🇳 India

ほうれん草とチーズのカレー

SHOP ホットハウス トレッサ横浜店

シンプルだけど食べごたえ満点
スパイスが野菜のうまみを引き出す

辛　　　さ：	■■□□□□□□□□
タ　イ　プ：	さっぱり
あう主食：	チャパティ、ナン
主な食材：	ほうれん草、パニール、玉ねぎ、にんにく、トマト
主なスパイス：	クミン、コリアンダー、ターメリック、カイエンヌペパー

cumin / coriander / cayenne pepper / turmeric

curry 03

🔥 特徴

ほうれん草のなめらかな舌触りと、コクのあるチーズが混ざりあうマイルドなカレー。米よりチャパティやナンにあう。パニールはインドの家庭でも手作りされるカッテージチーズで、本場では固めだが、日本で食べられているパニールはやわらかく作られているものが多い。

💡 豆知識

古くからインドでは、特別な日だけ肉を食べ、日常的には野菜や乳製品だけを食べる人や、宗教的理由や思想的理由で肉を一切口にしないベジタリアンも多い。そのためスパイスを効かせた豆や野菜のみを使った料理も多く、ほうれん草のカレーも昔から食べられている。

🇮🇳 India
サグチキン ほうれん草と鶏肉のカレー

ほうれん草と鶏肉のコクとうまみ
しっかりした味のカレー

辛　　さ：	■■■□□□□□□□
タ イ プ：	こってり
あう主食：	チャパティ、ナン
主な食材：	ほうれん草、鶏もも肉、玉ねぎ、にんにく、トマト
主なスパイス：	クミン、コリアンダー、ターメリック、カイエンヌペパー

cumin

coriander

turmeric

cayenne pepper

curry 04

🌀 特徴
ほうれん草に加え、鶏肉のうまみがしっかり感じられるマイルドなカレー。ペースト状にしたほうれん草とスパイスを絡めた鶏肉、トマトを煮込み、生クリームで仕上げる風味豊かな逸品。特徴的な緑色を出すには、ほうれん草をサッとゆでたあと、氷水に取り、一気に冷やすのがコツ。

🍛 豆知識
北インドで葉物野菜を通称サグと呼ぶ。現地のサグカレーには菜の花（からし菜）が使用されていることが多いが、日本ではほうれん草が浸透している。ちなみにヒンディ語でほうれん草はパラクといい、ほうれん草とチーズのカレー「パラクパニール」が有名（P23参照）。

🇮🇳 India
マトンコルマ 〔羊肉のクリームカレー〕

野性的な味わいの羊肉カレー
隠し味のミントが爽快に仕上げる

辛　　　さ：	■■□□□□□□□□
タ イ プ：	こってり
あう主食：	チャパティ、ナン
主な食材：	羊肉、プレーンヨーグルト、ミント、カシューナッツ、生クリーム
主なスパイス：	カルダモン、クローブ、シナモン、コリアンダー、ガラムマサラ

curry 05

🌶 特徴
スパイスはおさえ気味にし、クリーミーに白っぽく仕上げるカレー。マトンはインドではヤギを指すが、日本では羊肉で作る。肉の臭みやクセがミントやカシューナッツの入ったソースと絡むことで絶妙な味わいに。辛みは控えめだが、スパイスは効いているので後から刺激を感じるカレー。

🍶 豆知識
インド人は信仰心があつく、そのほとんどがヒンドゥ教徒（一部イスラム教徒もいる）なので宗教上、牛肉、豚肉を食べない。そのため、ヤギ肉や羊肉などはカレー料理にもよく使用される。コルマとは、牛乳や生クリームで煮る、白くクリーミーなカレーのことをいう。

🇮🇳 India

キーマカレー

SHOP ホットハウス トレッサ横浜店

北インド独特のこってり系
誰にでも愛される挽き肉のカレー

辛　　　さ：	■■■□□□□□□□
タ イ プ：	こってり
あう主食：	米、チャパティ、ナン
主な食材：	羊肉、玉ねぎ、にんにく、しょうが、トマト、カシューナッツ
主なスパイス：	カルダモン、クローブ、シナモン、コリアンダー、ガラムマサラ

curry 06

🍛 特徴

挽き肉で作られているカレー。日本では豚や牛などさまざまな肉が使用されているが、インドではヤギ肉と羊肉が一般的。肉本来の甘みと香りを引き立てるホール＆パウダースパイスが複雑に絡みあい、リッチな味を醸し出す。かたまり肉が苦手、という人にも人気がある。

🥄 豆知識

キーマとはヒンディ語で「細切れ肉」、「挽き肉」を意味する。インドでは特定の調理方法はなく、日本でよく見るドライカレーのようなものからスープタイプまで、さまざまな種類がある。とろみ付けに入れるカシューナッツの、香ばしくコクのある風味がプラスされ、深い味わいになる。

🇮🇳 India
チャナマサラ （ひよこ豆のカレー）

インドを代表する庶民的カレー
やさしい豆の味とトマトの酸味が特徴

辛　　　さ：	■■■□□□□□□□
タ イ プ：	こってり
あう主食：	チャパティ、ナン
主な食材：	ひよこ豆、玉ねぎ、にんにく、しょうが、トマト、紫玉ねぎ、青唐辛子
主なスパイス：	クミン、コリアンダー、ガラムマサラ、ターメリック、カイエンヌペッパー

- cumin
- coriander
- garam masala
- turmeric
- cayenne pepper

curry 07

🌀 特徴
ひよこ豆の味が前面に出ているおかず的なカレー。バターで炒めているため、まろやかでコクがあり、トマトの酸味と青唐辛子の辛みバランスが絶妙。豆を少しつぶすととろりとした状態になり、よりカレーらしくなるので、チャパティやナンですくって食べるのがおすすめ。

🍛 豆知識
チャナマサラのチャナとはヒンドゥスターニ語で「ひよこ豆」のこと。インド北西部からパキスタン北東部にまたがるパンシャーブ地方で生まれた料理のひとつ。この地域はひよこ豆を主要食材としているため、汁気の少ないものや煮込みものまで、色々なチャナマサラがある。

🇮🇳 India
チキンマサラ

🆂🅷🅾🅿 ホットハウス トレッサ横浜店

**インドカレーの象徴ともいえる
コクとうまみのチキンカレー**

辛　　さ	■■■■□□□□□□
タ イ プ	こってり
あう主食	米、ナン、チャパティ
主な食材	鶏もも肉、玉ねぎ、にんにく、しょうが、トマト、カシューナッツ、牛乳
主なスパイス	カルダモン、クローブ、コリアンダー、パプリカ、ターメリック

curry 08

🌶 特徴

北インドならではのコク付け食材、カシューナッツやバター、牛乳を使い、リッチな味に仕上げたカレー。とろみがあって、こってりした味が特徴で、チャパティやナンと相性抜群。シンプルながら奥深いコクとうまみ、複雑に絡みあうスパイスが口の中に広がる、王道のインドカレー。

🫖 豆知識

北インドで生まれたカレーと思いきや、1960年代にイギリスのインド料理店で誕生。発祥の地はロンドン、バーミンガム、グラスゴーなど諸説あるが、鶏肉にカレー風味のソースをかけて食べたことがきっかけだとか。今では北インドを代表するこってり系カレーとなった。

🇮🇳 India
ベジタブルコルマ

野菜のクリームカレー

スパイスの組みあわせが香る
辛さをおさえたクリーミーな白いカレー

辛　　　さ	■■□□□□□□□□
タ イ プ	あっさり
あう主食	米、チャパティ、ナン
主な食材	カリフラワー、さやいんげん、にんじん、牛乳
主なスパイス	コリアンダー、ガラムマサラ、ターメリック、カイエンヌペッパー、クミン

coriander
cumin
cayenne pepper
garam masala
turmeric

curry 09

🍛 特徴
玉ねぎやトマトは使用せず、クリーミーに仕上げた白いカレー。スパイスの組みあわせで香りを出し、たっぷりの野菜で甘みとうまみを凝縮し、牛乳を加えてマイルドに仕上げた一品。見た目はシチューのようでもスパイスが効いていて、カレーの味がしっかりとする。

🍶 豆知識
コルマの起源は北インドのムガール料理。ムガール帝国は16世紀から19世紀後半まで存在したイスラム系王朝で、南インドを除く全インドを支配した。そのため、さまざまな食文化がミックスして宮廷料理を発展させ、現在のインド料理にも大きな影響を与えたといわれている。

🇮🇳 India
アルーベイガン （じゃがいもとなすのカレー）

酸味と辛みがクセになる味
じゃがいもとなすの黄金コンビ

辛　　さ：	■■■■■□□□□□
タ イ プ：	こってり
あう主食：	米、チャパティ、ナン
主な食材：	じゃがいも、なす、玉ねぎ、にんにく、しょうが、トマトピューレ
主なスパイス：	クミン、カスリメティ、ガラムマサラ、ターメリック、カイエンヌペパー

cumin
garam masala
turmeric
cayenne pepper

curry 10

🍛 特徴
揚げたなすとじゃがいもにスパイスとトマトがしっかりと染み込み、スパイシーかつマイルドに仕上げたカレー。トマトのとろみが絡まるホクホクしたじゃがいもは、ジューシーななすと相性抜群。ピリッとした辛みから酸味、そして甘みを感じるので、ごはんにもあう。

🥣 豆知識
ヒンディ語でアルーは「じゃがいも」、ベイガンは「なす」を指し、インドでは頻繁に調理されている組みあわせ。特になすは揚げると油がコクを与えてうまみを引き出し、さらにおいしくなる。スパイスとの相性も良い食材なので、カレーとしてはもちろん、サイド料理としても食べられている。

Part 1 世界のカレー図鑑

🇮🇳 India
ベイガンバルタ
(なすのカレー)

**ひと手間かかった
コクのある焼きなすのカレー**

辛　　さ：	■■■□□□□□□□
タ イ プ：	こってり
あう主食：	米、チャパティ、ナン
主な食材：	なす、玉ねぎ、にんにく、しょうが、トマトピューレ
主なスパイス：	クミン、コリアンダー、ガラムマサラ、ターメリック、カイエンヌペパー

cumin

coriander

cayenne pepper

garam masala

turmeric

curry 11

🌀 特徴
なすをオーブンなどで焼き、皮をむいたものを使用したとろみのあるカレー。バターのコクとミントのさわやかさ、スパイスの香りが特徴で手間のかかったひとしな。ゆっくり火にかけて水分を飛ばしているので、ぽってりした舌触りが特徴。チャパティに包んで食べるのがベーシック。

🍛 豆知識
ヒンディ語でベイガンは「なす」、バルタは「粗挽き」。ベイガンバルタは北インドのパンジャーブ地方が起源といわれている焼きなすのカレー。世界でなす原産地2位のインドは、もともとベジタリアンが多い国。なすを肉替わりに調理していたとか。

31

🇮🇳 India

ダールタルカ 豆のカレー

インド家庭料理の代表
おふくろの味として親しまれる

辛　　さ：	■■□□□□□□□□
タ イ プ：	あっさり
あう主食：	米、チャパティ、ナン
主な食材：	豆（ムングダール）、玉ねぎ、にんにく、しょうが、トマト
主なスパイス：	赤唐辛子、マスタード、クミン、ターメリック

curry
12

🍛 特徴

マイルドでコクのある、とろっとした舌触りのカレー。スパイスの香りは立っているが辛みの少ないのが特徴。使用している豆はムングダール（緑豆の挽き割り）で、最初に豆を水で煮てやわらかくしてからスパイスとあわせて作る。消化に良く、栄養価も高いので老若男女に愛されている。

🥣 豆知識

豆は全土で手に入るため、昔から作られているインドの国民食ともいえるカレー。インドではオーソドックスな料理のひとつで、家庭によって味が違う。また、豆はたんぱく質が豊富なうえ安価なので、子どもから高齢者まで、年齢、貧富の差なくインド全土で食べられているカレー。

🇮🇳 India

ケララフィッシュ ケララ風魚のカレー

豊富な魚介に恵まれたケララ州の刺激的だけどあっさり味のカレー

辛　　さ：	■■■□□
タ イ プ：	さらさら
あう主食：	米
主な食材：	ぶり、玉ねぎ、にんにく、しょうが、トマト、ココナッツミルク
主なスパイス：	コリアンダー、パプリカ、ターメリック、カイエンヌペパー、マスタード

curry 13

 特徴

ココナッツミルクのまろやかさに、タマリンドの酸味、スパイスの辛みが効いた刺激的な味わいのカレー。あまり煮込まずに作るため、魚もやわらかく、さらりとしたスープ風カレーがごはんにぴったり。年中暑い南インドならではのスパイスの風味が効いた、辛みの強いカレー。

豆知識

アーユルヴェーダ※発祥の地としても知られている南インドの海沿いの州・ケララで生まれたカレー料理。アラビア海に面しているため豊富な魚介を使った料理が多く、魚丸ごと一匹をカレーの具材にしたり、骨のままぶつ切りにしたりと豪快な盛り付けも多い。

※アーユルヴェーダとは、心と体に働きかけるエネルギーのバランスを保ち、病気を予防するというインドの伝統医学。

🇮🇳 India

ケララチキン 〔ケララ風鶏肉のカレー〕

さわやかなしょうがの香りとコク
南インドスタイルのチキンカレー

辛　　さ：	■■■■□□□□□□
タ イ プ：	さらさら
あう主食：	米
主な食材：	鶏もも肉、玉ねぎ、にんにく、しょうが、トマト、ココナッツミルク
主なスパイス：	コリアンダー、ターメリック、カイエンヌペパー、マスタード、カレーリーフ

curry leaf

coriander

mustard

turmeric

cayenne pepper

curry
14

🍛 **特徴**

インド全土、どこにでもあるチキンカレー。南インドスタイルは味の決め手となるマスタードをテンパリングして最後に加えることが特徴。玉ねぎの切り方からスパイスの使い方まで、他の地域とはまったく違う。スパイスのフレッシュな香りと辛みを堪能できるのが魅力。

 豆知識

南インドは、カルナータカ州、アーンドラ・プラディーシュ州、ケララ州、タミル・ナードゥ州の4つの州からなり、それぞれに違ったカレー料理がある。南インドでは、ステンレスの大皿の中央にごはんを盛り、その周りに小さなボウルに入れたカレーを置くのが定番。単品で食べることはない。

マドラスビーフ 〈マドラス風牛肉のカレー〉

🇮🇳 India

牛肉がやわらかくなるまで煮込む
南インドでは珍しいこってり系カレー

辛　　さ：	■■■□□□□□□□
タ イ プ：	こってり
あう主食：	米、チャパティ
主な食材：	牛肉、玉ねぎ、にんにく、しょうが、トマト、ココナッツミルク
主なスパイス：	カルダモン、クローブ、コリアンダー、パプリカ

cardamom
paprika
clove
coriander

curry
15

🌀 特徴

インドでは珍しい牛肉を使ったカレー。南インドは北インドより宗教色が薄く、ヒンドゥ教以外の人は牛肉も食べる。カルダモンやクローブといった香りの強いスパイスを使い、ココナッツミルクパウダーでマイルドさを出す。しっかり煮込んだ肉がやわらかいカレー。

🍶 豆知識

1640年にイギリスの特許会社が南インドに要塞を築き「マドラス」と称したことにより、マドラスという名前の付いた料理ができた。西洋の影響を受けていたマドラスでは牛肉もよく食べられていた。現在はチャンナイという名前の南インドのタミル・ナードゥ州の州都。

🇮🇳 India

アーンドラチキン

（アーンドラ風鶏肉のカレー）

南インド、アーンドラ地域の
コクと辛みの効いたチキンカレー

辛　　さ：	■■■■■□□□□□
タ イ プ：	さらさら
あう主食：	米
主な食材：	鶏もも肉、玉ねぎ、にんにく、しょうが、トマト、カシューナッツ、ココナッツミルクパウダー
主なスパイス：	コリアンダー、パプリカ、ターメリック、カイエンヌペパー、黒こしょう

curry
16

🍛 特徴

カシューナッツとココナッツミルクパウダーでとろみをつけ、香ばしく仕上げたコクのあるカレー。アーンドラ地域のカレー料理の特徴は、数多いインドのひときわスパイシーなカレーのひとつだが、ヨーグルトの酸味が加わることでバランスの良い味。ごはんとよくあう。

🥘 豆知識

インドの南東部にあるアーンドラ・プラディーシュ州は唐辛子の一大産地。そのため、この地で生まれたカレー料理は刺激的な辛みが特徴的。また、アーンドラ州には、コーダーヴァリ川、クシュリナ川というふたつの大河川が流れているので稲作、主食は米である。

Part 1 世界のカレー図鑑

🇮🇳 India
ポークヴィンダルー 豚肉の酸味カレー

ポルトガル人から伝授され進化
今ではゴア州を代表するカレー

辛　　　さ：	■■■■□□□□□
タ　イ　プ：	こってり
あう主食：	米
主な食材：	豚肉、にんにく、しょうが、玉ねぎ、トマト
主なスパイス：	マスタード、コリアンダー、パプリカ、カイエンヌペパー、黒こしょう

curry
17

🌶 特徴
辛みと酸味が絶妙にあわさった味わい深いカレーで、この地方では人気が高い。ワインビネガーと穀物酢、スパイスなどで漬け込んだ豚肉をカレーにしているので酸っぱくて辛い衝撃的な味。豚肉はマリネしてから煮込むのでやわらかく、うまみもよく出る。

🥣 豆知識
酸味の効いたポークヴィンダルーは、長くポルトガル領だったゴア州の名物料理。ポルトガルではポークをワインビネガーやにんにくなどに漬け込んで作るが、ゴア州ではその漬け込む段階でもさらに、たっぷりのスパイスや辛みを加えてアレンジしている。

37

🇮🇳 India

ラッサム 〔黒こしょうの酸味カレー〕

**辛さと酸っぱさが際立つ
スープ状のさらさらなカレー**

辛　　さ：	■■■■■■■□□□
タ イ プ：	さらさら
あう主食：	米
主 な 食 材：	トマト、にんにく、パクチー、タマリンド
主なスパイス：	クミン、黒こしょう、カイエンヌペパー、ターメリック、赤唐辛子

curry
18

🌀 特徴

インドのミールス（定食）にほぼ付いてくるスープ状のカレー。酸味、辛さともにパンチのある刺激的な味が特徴的。とろみはなく、さらさらとしたカレーはそのままスープとして飲むだけでなく、塩味が効いているのでごはんにかけて食べるとちょうど良い。

🍶 豆知識

ラッサムはタミル語でジュースという意味を持つ、南インドで日常的に飲まれているスープ状のカレー。酸味ある果実タマリンドと黒こしょうなどで味付けをするので辛みと酸味が強い。トマトを多く入れる場合はトマトラッサムと呼ぶなど、メインとなる食材で名前が変わる。

🇮🇳 India
コロンブ 〔ココナッツ風味の野菜カレー〕

**南インドの甘酸っぱいカレーは
野菜が主役のおかずスープ風**

辛　　　さ：	■■■□□□□□□□
タ イ プ：	さっぱり
あう主食：	米
主な食材：	カリフラワー、玉ねぎ、にんにく、しょうが、トマト、ココナッツミルク、タマリンド
主なスパイス：	コリアンダー、クミン、カイエンヌペパー、ターメリック、マスタード

curry
19

🌀 特徴
酸味ある果実タマリンドとココナッツミルクを使用した甘酸っぱいカレー。見た目は白っぽくクリーミーだが、スパイスのしっかり効いた辛みもある。南インドでは季節の野菜を食材として用いることが多いので、カリフラワーのほかに、根菜やなすなどもよく使われている。

🍶 豆知識
インドの東部にあるタミル・ナードゥ州で生まれたコロンブは、タミル語でスープという意味。南インドの家庭では、さまざまな野菜や魚をタマリンドとココナッツミルクで煮てコロンブを作る。暑い地域ではタマリンドを防腐剤の代わりにも使用する。

India

ゴアンプロウン   ゴア風海老のカレー

**酢のうまみと海老のだしが決め手
ゴア州の名物あっさり味カレー**

辛　　　さ：	■■■□□□□□□□
タ イ プ：	さらさら
あう主食：	米
主な食材：	海老、玉ねぎ、にんにく、しょうが、トマト、ココナッツミルク、酢
主なスパイス：	コリアンダー、クミン、ターメリック、カイエンヌペパー、マスタード

cumin
coriander
turmeric
cayenne pepper
mustard

**curry
20**

🌶 特徴

煮込むにつれうまみになる酢を加えるのがゴア州料理の特徴。酢は少量なので酸味はあまり感じられず、あっさりしている。スープ自体を先に煮込み、最後に海老を加えてサッと煮るため、固くならずにおいしい。スープタイプなのでごはんと一緒に食べるのが主流。

🥘 豆知識

インド西海岸中部に位置するゴア州は、16世紀から20世紀半ばまでポルトガル領の一部であり、ポルトガルのアジアにおける拠点であった。そのため西欧風な味付けも残っている。酢を使う料理も多く、ゴア州では地元で作られているゴアンビネガー(ゴアン酢)を使用する。

純印度式カリー

🇮🇳 India

**92年間、受け継がれてきた味
恋と革命のインドカリー**

SHOP 新宿中村屋

タ イ プ	さらさら
あう主食	米(石川産こしひかり)
主 な 食 材	骨付き鶏肉、玉ねぎ、じゃがいも、ブイヨン、ヨーグルト
主なスパイス	オリジナルにブレンドした2種類のミックススパイス
付けあわせ	らっきょう、アグレッツィ(ロシアの漬物)、玉ねぎのチャツネ、レモンチャツネ、マンゴーチャツネ、粉チーズ

レモンチャツネ　マンゴーチャツネ　粉チーズ

アグレッツィ

らっきょう　　　　　　玉ねぎのチャツネ

curry
21

🌶 特徴

新宿中村屋では92年もの間、インド人が作ったルールを守り、基本の作り方を変えずに、時代のニーズにあわせた素材との取り組みをしている。中村屋の名物料理として長く愛され続けているカレーは、骨付きのごろっとした鶏肉と、大きめのじゃがいも、スパイスの効いたソース。スパイスカレーの先駆者として、今も特別な存在だ。

🍛 豆知識

イギリスの植民地として圧政に苦しんでいたインドを救うため、独立運動に身を投じたボーズ氏が、追及を受け日本に亡命したことから始まる。のちに出会った中村屋の創業者の長女と結婚したが、妻はふたりの子供を残し早逝。妻のためにも本物のカレーを日本に紹介したいと昭和2年に純印度式カリーが生まれた。

コールマンカリー

🇮🇳 India

SHOP 新宿中村屋

スパイスの複雑な香りと独特な味付け
戦後の日本を元気にした、晴れの日の味

タ イ プ	さらさら
あう主食	米(石川産こしひかり)
主な食材	骨付き鶏肉、玉ねぎ、トマト、ブイヨン、ヨーグルト
主なスパイス	オリジナルにブレンドした2種類のミックススパイス
付けあわせ	らっきょう、アグレッツィ(ロシアの漬物)、玉ねぎのチャツネ、レモンチャツネ、マンゴーチャツネ、粉チーズ

レモンチャツネ / マンゴーチャツネ / 粉チーズ

らっきょう / アグレッツィ / 玉ねぎのチャツネ

curry
22

🌀 特徴

インドの鶏の煮込み、チキンコルマから命名されたコールマンカリー。ヨーグルトとトマトの酸味がスパイスと絡みあい、刺激的だがさっぱりとした風味。スパイスを活かすため、2時間おきに作るというカレーには、10種類以上のスパイスを使用。自家焙煎されたこだわりのミックススパイスが香り高い。

🍛 豆知識

戦後の焼け野原だった新宿。営業を再開しようにもレシピがなかったが、先輩たちが残したメモの切れ端を頼りに復活。その時代の手に入った材料でできあがったのが、鶏の煮込み料理のコールマンカリー。昭和34年、戦争に敗れた日本人に、カレーを食べて早く元気を取り戻してもらいたい、その一心で作られた。

パキスタン

Pakistan

濃厚な肉料理の多いパキスタンは、もともとインド北西部と同じパンジャーブ地方のため、スパイスを効かせた料理が数多く存在します。カレーは北インドに似た水分が少ないこってりしたものが多く、米よりチャパティやナンと一緒に食べるのがスタンダード。スパイスと油をたっぷり使いながら、トマトも使用するのが特徴的で、濃厚でも程良い酸味でさらっと食べることができます。

Pakistan

ムルギカリー

(鶏肉のカレー)

暑い国、パキスタンの定番メニュー
たっぷりスープの骨付きチキンカレー

辛　　　さ	■■■□□□□□
タ イ プ	さらさら
あう主食	米
主な食材	鶏もも肉、玉ねぎ、にんにく、しょうが、トマト、カシューナッツ
主なスパイス	カルダモン、クローブ、コリアンダー、ターメリック、ガラムマサラ

curry
23

cardamom

clove

coriander

特徴
骨付きの鶏肉を使うので、スープにもしっかりだしが出ておいしい。食べ方は、最初に骨を抜き、鶏肉をほぐしてカレーとごはんを一緒に混ぜあわせる。日本ではスプーンですくって食べるが、本場のパキスタンやインドでは、直接手で食べるのがポピュラー。

豆知識
ムルギとはヒンディ語で「鶏肉」の意味を持つ。パキスタンはインドの北西部に隣接しているため、インドと同様にスパイスカレー中心の食生活をしている。暑い国なので、ドライタイプより喉を通りやすいさらっとしたスープタイプが多く、ごはんと一緒に食べる。

Pakistan

マチリカリー 〔魚のカレー〕

ヨーグルトが魚の臭みを消し、
うまみを引き出すコクのあるカレー

辛　　　さ：	■■■□□□□□□□
タ イ プ：	さらさら
あう主食：	米
主な食材：	白身魚、玉ねぎ、にんにく、しょうが、トマト
主なスパイス：	コリアンダー、クミン、パプリカ、カイエンヌペパー、ガラムマサラ

coriander / cumin / garam masala / paprika / cayenne pepper

curry
24

🌿 特徴

しょうがをたっぷり入れ、体を温めるという理由から主に冬に食べられているカレー。メインの白身魚はヨーグルトに漬けて魚の臭み抜きをしているため、生臭さや魚特有の臭いはあまり感じない。ここではタラを使用。ごはんにかけて食べると良い。

🍲 豆知識

パキスタン料理は基本的にインド料理に似ている。そのため、代表的なカレー料理もインド、パキスタンの両国に同じ名前で存在するものもある。パキスタンでは肉料理が中心だが、海に面したスィンド州では、マチリカリーのように魚をメインにした料理も多い。

Pakistan
ナルギシ・コフタ・カリー 〔卵入りミートボールのカレー〕

ボリューム満点、食べごたえ抜群の
卵入りミートボールカレー

辛　　　さ	： ■■□□□□□□□□
タ　イ　プ	：こってり
あう主食	：チャパティ、ナン
主な食材	：合挽き肉、卵、玉ねぎ、にんにく、しょうが、トマト
主なスパイス	：ターメリック、ガラムマサラ

curry
25

🍛 特徴

パキスタンではおもてなしに欠かせない料理として、子どもから大人まで食べられるよう、辛さは控えめ。卵入りの大きなミートボールはまず油で揚げ、別に作ったカレーソースに絡めて、最後に器ごとオーブンで焼くという、ひと手間かかったボリューム満点のカレーだ。

🥄 豆知識

コフタとはキョフテともいい、中東やアジアに広まっているミートボールやミートローフ等の挽き肉を使った肉料理のこと。パキスタンでは主に牛肉や鶏肉、羊肉が使われ、ナルギシ・コフタには卵が使われる。この料理は家庭ではもちろん、レストランにもある代表的なもの。

Pakistan

鶏の砂肝カレー

とてもやわらかい砂肝を使った
味わい深いスパイシーカレー

辛　　　さ	■■□□□□□□
タ イ プ	こってり
あう主食	チャパティ、ナン
主な食材	鶏の砂肝、玉ねぎ、にんにく、しょうが
主なスパイス	パプリカ、ターメリック、シナモン、カルダモン、クローブ

curry 26

特徴

パキスタンの砂肝料理は、こりこりした食感を好む日本とは違い、とろけるようにやわらかく煮込むのが特徴。一度やわらかくなった砂肝をさらにじっくりと、口の中でとろけるくらいまで煮込む。砂肝を煮込んだだしはそのまま使うのでカレーに砂肝の味わいがある。

豆知識

インドや中国、アフガニスタン、イランと国境を接し、イスラム教を国教とするパキスタンの食のベースは主にインドにある。東側が北インドに隣接しているため多大な影響を受けているのだろう。豚肉は食べず、鶏肉、牛肉を中心にスパイスを効かせた料理が多い。

ピンディーカレー

🇵🇰 Pakistan

（オクラのドライカレー）

たっぷりのオクラとトマトで作る
酸味の効いたスパイシーカレー

辛　　　さ：	■■■□□□□□□□
タ　イ　プ：	ドライ
あう主食：	米
主な食材：	オクラ、玉ねぎ、にんにく、しょうが、トマト
主なスパイス：	マスタード、ターメリック、カイエンヌペパー

mustard
turmeric
cayenne pepper

curry 27

🍛 特徴

水を使わず、野菜から出る水分だけで仕上げるドライタイプのカレー。トマトの酸味としょうがの香りでさっぱりとした風味になる。オクラをたっぷり使うので、粘りもありうまみも抜群。ごはんにとてもあい、そのままサラダ感覚で食べてもおいしい一皿。

🥣 豆知識

パキスタンではとてもポピュラーなヒンドゥ教徒のベジタリアン料理。国民の90％以上はイスラム教徒なため、羊肉と牛肉が多く食べられているが、実はベジタリアンも多い。しかし、街にベジタリアン料理専門店は少ないため、野菜中心の料理は家庭で作られることがほとんど。

スリランカ　Sri Lanka

スパイスを薬にも使い、カレーにもその知識を生かすスリランカは、アーユルヴェーダとデーシャチキッサ※が融合した伝統医療の技術を持っています。そのためか、スリランカのカレーは油分が少なく、体にやさしくて味もシンプル。肉や魚も使いますが、カボチャやきゅうりといった野菜を多く使用し、スパイス同様にハーブもよくカレーに入れます。

Sri Lanka

ワアンバトゥモージュ（揚げなすのカレー）

油で揚げたなすにスパイスがしっかり染み込んだ酸味あるカレー

辛　　さ：	■■■□□□□□□□
タ　イ　プ：	あっさり
あう主食：	米
主な食材：	なす、玉ねぎ、にんにく、しょうが、ライム
主なスパイス：	クミン、ガラムマサラ、カイエンヌペパー、ターメリック、カレーリーフ

cumin

garam masala

cayenne pepper

curry 28

🌶 特徴

油で揚げたなすをスパイスで煮込んだカレー。「少し酸味のある」という意味のモージュという名前通り、ライムの酸味も効いて、さわやかな風味。辛さは控えめだが、スパイスが複雑に絡みあい刺激的な味に。おかずのようにごはんと一緒に食べると良い。

🥄 豆知識

スリランカは昔、紅茶でおなじみのセイロンと呼ばれていた国で、南インドに近い島国。そのため農産物もスパイスも南インドとほぼ同じ。料理の基本はスパイスの効いた辛いカレーで、ごはんと一緒に食べる。好んで食べられるなすは油で揚げてから調理することが多い。

※デーシャチキッサは独自のハーブを使うスリランカの伝統的な医療。

きゅうりのスープカレー

🇱🇰 Sri Lanka

**マイルドでさっぱりした
スープ感覚のきゅうりカレー**

辛　　さ	■■□□□□□□□□
タ イ プ	さらさら
あう主食	米
主な食材	きゅうり、玉ねぎ、にんにく、しょうが、ココナッツミルク
主なスパイス	マスタード、ターメリック

mustard

turmeric

curry 29

🌿 特徴

スリランカではカレーの食材としてきゅうりをよく使用する。きゅうりの緑色の部分の皮をむき、中のやわらかい部分のみ使用するので、舌触りが良い。きゅうりは水分が多い野菜なのでスープカレーにぴったり。ココナッツミルクを使い辛さも控えめで、さっぱりとした味のカレー。

🥣 豆知識

インドカレーとの一番の違いは油分。スリランカカレーはあまり油を使わずさらさらなスープが特徴で、基本的にココナッツミルクが入っている。南インドとは少し似たところもあるが、辛口のカレー、甘口のカレーなどを好みで混ぜて食べるのもスリランカならでは。

Sri Lanka

パリップ 豆のカレー

2日で豆の風味が濃厚になる豆たっぷりのローカルフード

辛　　さ：	■■□□□□□□□□
タ　イ　プ：	あっさり
あう主食：	米
主な食材：	レンズ豆、玉ねぎ、にんにく、しょうが、ココナッツミルク、モルディブフィッシュ
主なスパイス：	カレーリーフ、ターメリック、カレー粉、シナモン

turmeric
curry powder
curry leaf
cinnamon

curry
30

🌶 特徴

パリップとはスリランカではレンズ豆のことを指し、現地ではよく食べられているカレー。しっかり煮込まず、豆の形を少し残して食感を楽しむのがローカルスタイル。作ってすぐに食べてもおいしいが、2日ほどおくと豆の風味がより濃厚になり味わい深くなる。

🥣 豆知識

インドと同様、スリランカでも豆類は頻繁に食べられている。インドとの違いはココナッツミルクとモルディブフィッシュを入れること。モルディブフィッシュとはスリランカのカレーに欠かせないもので、かつお節に似た干し魚。砕くなどして料理の味付けに使用する。

Part 1 世界のカレー図鑑

🇱🇰 Sri Lanka

カボチャのカレー

カボチャの甘さと、ココナッツミルクの
まろやかさが調和したカレー

辛　　　さ：	■■■□□□□□□□
タ イ プ：	あっさり
あう主食：	米
主 な 食 材：	カボチャ、玉ねぎ、にんにく、ココナッツミルク
主なスパイス：	クミン、マスタード、カレーリーフ、黒こしょう、ターメリック

mustard
cumin
curry leaf
turmeric
black pepper

curry 31

🌀 特徴

日本でも親しみのあるカボチャは、スリランカでもよく料理に使用される。ひとつの食材のみでカレーを作ることも多く、カボチャは甘みがあり味が濃厚なのでスパイスとも相性が良く、カレーにもぴったり。すべてつぶさず、形が残る程度に煮込むと食べごたえがある。

🍲 豆知識

スリランカのスパイスの使い方は、料理する直前にそのつどホールタイプ（原形）のものをローストしてつぶすのが一般的。各家庭により使用するスパイスは異なるが、野菜のカレーに限ってはローストしないでそのままつぶし、スパイスの生の爽快感を味わう。

ネパール Nepal

インド、中国チベット自治区と接しているネパールは多民族国家なので、さまざまな料理があります。隣接している国の影響も大きく、インド料理やチベット系中国料理などもありますが、ネパールで主に食べられているカレーは油分控えめのさらさらしたスープタイプ。スパイスは数種類のみを使用し、野菜と豆を使ったヘルシーカレーがメインです。主食は米で、ごはんに汁物、おかずといった、どこか日本に似た食事スタイルもネパールの特徴です。

 Nepal

ダレ 豆のカレースープ

ネパールでもっともポピュラーな栄養たっぷりの豆カレー

辛　　　さ：▮▮▯▯▯
タ イ プ：さらさら
あう主食：米
主 な 食 材：豆(ムングダール)、玉ねぎ、にんにく、しょうが、バター
主なスパイス：ターメリック

turmeric

curry
32

特徴
辛みはまったくなく、カレーというよりはさらさらしている塩味のスープ。ごはんにかけて食べたり、他のカレーやおかずと一緒に食べる。ダルは味噌汁のように家庭によって味が異なる。辛みの効いたタルカリ(野菜のおかず)や、アチャール(漬物)を添えるとバランスが良い。

豆知識
ネパールの食事には、日本の「一汁二菜」のような決まった形があり、ダル・バートと呼ばれている。ダルは豆のスープで、バートはごはん。アチャールと数種類のタルカリがセットになり、それを右手で混ぜながら食べるのがしきたりのようだ。

Part 1 世界のカレー図鑑

 Nepal

ハリヨ・パトマス・コ・タルカリ 〔枝豆のカレー〕

枝豆を使ったトマト風味の ピリ辛カレースープ

辛　　　さ：	■■□□□□□□□□
タ イ プ：	さらさら
あう主食：	米
主な食材：	枝豆、玉ねぎ、にんにく、しょうが、トマト
主なスパイス：	クミン、コリアンダー、カイエンヌペパー、ターメリック

coriander
cumin
cayenne pepper
turmeric

curry 33

🍛 特徴

フレッシュな枝豆をサッとゆでてサヤから外し、豆だけの状態にしたものを入れたスープ。一見するとカレーっぽくないが、スパイスの配合でしっかりカレー風味を出している。トマトベースなので酸味もあり、辛みとのバランスが良い。真ん中に浮かぶミニトマトがポイント。

🥄 豆知識

ネパールはヒンドゥ教を国教として、30以上の民族が集まる国。それぞれの民族に伝統的な文化があるが、食文化はスパイスを多用する料理が中心でインドに似ている。ヒンドゥ教は牛肉を食べない宗教だが、他の肉料理も特別な日にしか食べず、日常は野菜と豆が中心の食卓だ。

53

Nepal

アル・ベンタ・タルカリ
（じゃがいもとなすのドライカレー）

ネパールの定食に欠かせない
野菜のドライカレー

辛　　さ	■■□□□□□□□□
タ イ プ	あっさり
あう主食	米
主な食材	じゃがいも、なす、玉ねぎ、にんにく、しょうが、トマト
主なスパイス	クミン、コリアンダー、ターメリック、カイエンヌペパー

curry 34

🌀 特徴
野菜のカレー炒め風という意味のタルカリ（野菜のおかず）。じゃがいもはしっかりと火を通すが、くずれない程度の硬さに仕上げるのが特徴的。ジューシーななすとトマトとの相性が良く、汁気をしっかり吸わせるとじゃがいもがホクホクになる。スパイスが効いていてごはんにあう味だ。

🍵 豆知識
ネパールの定食ダル・バートに欠かせない野菜のおかずがアル・ベンタ・タルカリ。インドと同様にネパールでもなすとじゃがいもは人気の食材で、カレーにも頻繁に使われる。また、ネパールのカレーはインドほど辛くないものがほとんどなので、子どももよく食べている。

Part 1 世界のカレー図鑑

バングラデシュ

Bangladesh

自然に恵まれたバングラデシュは、自然がもたらす食料の多さから「米と魚の国」と呼ばれています。そのため、魚を使ったカレーが多く、スパイシーで食べごたえのあるものが充実しています。

Bangladesh

マーチカリー

（白身魚のカレー）

スパイスが香ばしく、コクも抜群
揚げ魚のトマト風味カレー

辛　　　さ：	■■■□□
タ イ プ：	さらさら
あう主食：	米
主な食材：	白身魚、玉ねぎ、トマト缶、にんにく、しょうが
主なスパイス：	コリアンダー、ターメリック、クミン、カイエンヌペパー、ガラムマサラ

coriander

turmeric

cumin

curry
35

特徴

白身魚にターメリックと塩を絡ませ、からりと素揚げしてカレーソースとあわせたトマト味のカレー。バングラデシュでは川魚の臭みを取るために油で揚げてからカレーにするという料理方法。ひと手間かかるが、魚が香ばしくコクもプラスされ、一段とおいしくなる。

豆知識

バングラデシュは世界最大級のデルタ地帯（河川によって運ばれた物質が堆積することにより形成された地形）。ヒマラヤの雪解け水とモンスーンなどの多雨が流れ込む国土で、水郷が網の目のように入り組んでいる。そのため川は栄養豊富で、淡水魚が多く取れる。

インドネシア

Indonesia

インドネシアは古くからスパイスの国として有名。植民地以前にスペインやポルトガルの貿易船が訪れ、スパイスを持ち込んでインドネシア各地で栽培されるようになりました。ターメリックやココナッツ、タマリンドなどはそれ以前からあったらしく、新しく育った作物やスパイスと融合し、複雑な味の料理が生まれたようです。

Indonesia

ソトアヤム

鶏肉のカレースープ

インドネシアでは定番の鶏肉スープ
ビーフンを入れて食べるのが地元風

辛　　　さ：	
タ　イ　プ：	さらさら
あう主食：	米、ビーフン
主な食材：	鶏もも肉、セロリの葉、玉ねぎ、にんにく、しょうが
主なスパイス：	クローブ、シナモン、ターメリック、黒こしょう

curry
36

特徴

にんにくとターメリックが効いているカレー風味のスープだが、辛みはほとんどない。インドネシア料理の特徴のひとつが、料理に添えるサンバルという唐辛子のペースト。食べるときに好みで辛さをつけるが、鶏肉を煮込んでスープをとるので、そのままでもおいしい。

豆知識

ソトはスープでアヤムは鶏肉という意味のインドネシア料理。スパイスを使った鶏肉のスープで、シンガポールやマレーシアにも似たようなものがある。ソトアヤムは現地の屋台などでは、魚のすり身やビーフンを好みでトッピングすることができる。

ペスモールイカン

🇮🇩 Indonesia

（揚げ魚のカレー）

こんがり揚げた魚にスパイスの効いた辛いソースが絶妙にマッチ

辛　　さ：	■■■□□
タ イ プ：	さらさら
あう主食：	米
主な食材：	鯵、きゅうり、玉ねぎ、にんにく、しょうが、ピーマン
主なスパイス：	ターメリック、レモングラス、ローリエ、赤唐辛子

curry
37

🍛 特徴

魚は油で揚げているので香ばしく、辛いソースともよくあう。レモングラスの爽快感と赤唐辛子の辛みが食欲をそそる、おかずにぴったりな一皿。ビールやワインにもあう味で、彩りも美しく、ゴージャスに見えるのでおもてなしやパーティーにも活用できる。

🥄 豆知識

インドネシア料理の特徴のひとつは揚げ物の種類が多いこと。カレーなども煮る前に、魚や海老を油で揚げてから調理する。暑い国ならではの食中毒の対処方法だといえる。ペスモールイカンはコース料理のないインドネシアにとって華やかなメインディッシュになっている。

ミャンマー

ミャンマーは多民族国家で、その6割をビルマ族が占めているため、ビルマ時代のインドと中国を融合したような食文化が今も根付いています。中華麺を使用する料理が多く、比較的スパイスは控えめで、油を多く使うのが特徴。また、味付けに魚醤を使うことからタイやマレーシア料理にも似ています。

Myanmar

ウエッターヒン

（豚肉のカレー）

**豚肉のうまみが染み出た油と
スパイシーなスープが
大満足なカレー**

辛　　さ：	■■■□□□□□□□
タ イ プ：	さらさら
あう主食：	米
主 な 食 材：	豚肉、玉ねぎ、にんにく、しょうが
主なスパイス：	ターメリック、カイエンヌペッパー、パプリカ

turmeric

cayenne pepper

curry 38

paprika

特徴

仏教国のミャンマーは食の禁忌がないため、さまざまな食材を使ってカレーを作る。このウエッターヒンは豚肉だけを使ったシンプルなカレー。スパイスで下味をつけた豚肉とうまみが移った油が混ざりあい、独特な風味を醸し出す。肉のうまみが前面に出ていてごはんとあう。

豆知識

ビルマと旧称で呼ばれることの多いミャンマーのカレーは、スパイスが控えめで油を多く使う。野菜と肉のエキスが染み出したおいしい油を食べることがミャンマー料理の醍醐味だ。カレーを作るときも揚げ物を取り入れると本格的な味になる。

Part 1 世界のカレー図鑑

🇲🇲 Myanmar

オンノウカウソェ

ココナッツミルクの鶏肉カレー麺

庶民の味としてミャンマーで親しまれている
インドと中国のミックス料理

辛 さ：	■■□□□□□□□□
タ イ プ：	さらさら
あう主食：	麺
主 な 食 材：	鶏もも肉、玉ねぎ、ココナッツミルク
主なスパイス：	レモングラス、パプリカ、カイエンヌペパー

lemongrass
cayenne pepper
paprika

curry
39

🍛 特徴

魚醤で味付けしたココナッツミルクのスープと
カレー味の鶏肉が麺とあうミャンマーの屋台料
理。辛さも控えめで安心して麺をすすることが
できる。マイルドなココナッツミルクのスープ
に生のもやしやパクチーを入れ、ライムを絞れ
ば現地で食べているような感覚になる。

🥄 豆知識

ミャンマーでは魚醤を「ンガピ」といい、生野菜
につけて食べるのが一般的。スパイスを使った
カレーにも使い、中華麺をあわせる料理も多い。
しかし麺は主に朝食や軽食として食べられてい
るもので、昼と夜は米と副菜を一緒に食べるの
がオーソドックス。

タイ The Kingdom of Thailand

その昔、インドとの交易でタイをはじめとした東南アジアにカレーが広まったといわれていますが、その時期などは定かではありません。タイのカレーはインドのようにスパイスを中心にしたものではなく、多種多彩な唐辛子をベースにフレッシュなハーブを使用するため、新鮮な風味と清涼感が漂います。「ゲーン」と呼ばれる独特な風味と味付けのタイカレーは、まずはインドカレーならカレー粉(ミックススパイス)にあたるペーストというものを作ります。そのペーストを炒め、野菜や肉、ココナッツミルクを使ったスープの多いカレーや、ココナッツミルクは使用せず、タマリンドで酸味を出す、辛く酸っぱいカレーもポピュラーです。ハーブを中心に、辛み、酸味、甘みなどを絶妙に組みあわせた独特な味付けのスープ「トムヤムクン」もそんな味を代表するタイ料理のひとつ。タイも主食は米ですが、タイカレーにあう香り高いジャスミンライスが有名です。

The Kingdom of Thailand
ゲーン・キャオワン・クン

海老のグリーンカレー

SHOP コカレストラン&マンゴツリーカフェ有楽町店

レモングラスのさわやかな風味と
青唐辛子の刺激的な辛さが特徴

辛　　さ：■■■■■■■■□□
タ イ プ：さらさら
あう主食：ジャスミンライス、
　　　　　カノムチン(タイの、米を発酵させて作る細麺)
主な食材：レモングラス、バイマックル、ココナッツミルク、
　　　　　牛乳、パームシュガー、ナンプラー、野菜、海老
主なスパイス：クミン、コリアンダー、プリッキーヌ(青唐辛子)

cumin

coriander

green pepper

Part 1 世界のカレー図鑑

curry
40

🌿 特徴

タイでもヘルシー志向などの高まりによって、ココナッツミルクの代わりに牛乳を使う料理が増えており、両方をブレンドし使用した、グリーンカレーが主流。フレッシュなハーブや唐辛子をつぶして作ったペーストのスパイシーさや、深みを感じられるタイらしいカレー。

🥄 豆知識

タイカレーでもっとも有名といわれる「ゲーン・キャオワン(グリーンカレー)」とは、タイ語でスープ、緑、甘い、を意味する。甘い、はココナッツミルクの風味からきている。ここで使っているプリッキーヌと呼ばれる青唐辛子が激辛で多くのタイ料理に使用されることが多い。

🇹🇭 The Kingdom of Thailand

ゲーン・ペッ・ヌア

牛肉のレッドカレー

SHOP コカレストラン&マンゴツリーカフェ有楽町店

いかにも辛そうな真赤な色とは裏腹に
マイルドで甘みもあるカレー

辛　　さ：	■■■■■□□□□□
タ イ プ：	さらさら
あう主食：	ジャスミンライス
主な食材：	レモングラス、バイマックル、にんにく、カピ、ココナッツミルク、野菜、プリック・チーファー、牛乳、パームシュガー、ナンプラー、牛肉
主なスパイス：	クミン、コリアンダー、プリッキーヌ(赤唐辛子)

curry
41

🍜 特徴

完熟した赤唐辛子を使っているのでマイルドでコクのある辛さが特徴。グリーンカレー同様、ココナッツミルクと牛乳を使用しているため、さっぱりした後味がある。大きくカットされたカボチャが、辛い中にも自然の甘みを感じさせるタイカレーだ。

🍶 豆知識

唐辛子が多く収穫できるタイでは、どの料理にも少なからず唐辛子が入る。レッドカレーに使用するのはキダチトウガラシの一種で、カレーが真っ赤な色に仕上がるのが特徴。タイの食品会社によって既製品のペーストやレトルト食品も作られている。

🇹🇭 The Kingdom of Thailand

ゲーン・カリー・ガイ 〔鶏肉のイエローカレー〕

SHOP コカレストラン＆マンゴツリーカフェ有楽町店

マイルドな舌触りとやさしい味
辛み苦手派にもおすすめのカレー

辛　　　さ	■
タ　イ　プ	若干のとろみがある
あう主食	ジャスミンライス、卵麺
主な食材	レモングラス、バイマックル、にんにく、カピ、ココナッツミルク、野菜、鶏肉、牛乳、パームシュガー、ナンプラー
主なスパイス	クミン、コリアンダー、プリッキーヌ（赤唐辛子）、ナツメグ、ターメリック、カルダモン

curry
42

特徴
タイカレー特有の辛みがおさえられていて、日本のカレーに近い味わいでまろやか。しかし、レモングラスやバイマックルのさわやかな風味と、ターメリックのエスニックな香りはしっかりある。鶏肉と野菜にココナッツミルクが染み込み、マイルドな口当たり。

豆知識
イエローカレーは、グリーン、レッドと並ぶタイの3大カレーのひとつ。刺激的な辛みが少ないため、日本ではあまり知られておらず、メニューに取り入れていないタイ料理店も多い。ただ、スープにとろみがあるので、麺を入れてカレーヌードルのように食べるとおいしい。

The Kingdom of Thailand
プー・パッ・ポン・カリー 〈蟹の玉子カレー炒め〉

SHOP コカレストラン＆マンゴツリーカフェ有楽町店

ふわふわ卵と蟹のダミナミックカレー
ジャスミンライスと相性ぴったり

辛　　　さ：	■■
タ　イ　プ：	ふわふわとろとろの食感
あう主食：	ジャスミンライス
主な食材：	ナンプリックパオ、鶏がらスープ、砂糖、チリオイル、塩、ナンプラー、生クリーム、水溶き片栗粉、卵、蟹
主なスパイス：	カレー粉

curry powder

curry
43

🌶 特徴

「ゲーン」ではないので、「カレー粉炒め」の料理といえる。日本でも「蟹カレー」といわれ親しまれている。使用するチリオイルの香りが食欲をそそり、半熟のふわふわとろとろ卵の食感とシーフードのうまみが相性抜群。ジャスミンライスと食べるとさらにおいしさが増す。

🍛 豆知識

蟹を殻ごと使用するカレー料理は、マカオやマレーシアにもあるが、プー・パッ・ポン・カリーはタイ国内外問わず広く提供されていて、レトルト食品としても販売されている。見た目もゴージャスでおもてなしにもぴったり。タイでは専門店があるほど人気のカレー料理だ。

🇹🇭 The Kingdom of Thailand

ゲーンハンレー 豚肉としょうがのカレー

SHOP コカレストラン&マンゴツリーカフェ有楽町店

辛さより最初に甘さを感じる味付けが特徴的なタイ北部の郷土料理

辛　　　さ	■■□□□□□□□□
タ　イ　プ	さらさら、水分少なめ
あう主食	ジャスミンライス
主な食材	レモングラス、プリッキーヌヘーン（乾燥唐辛子）、にんにく、カピ、しょうが、パームシュガー、ナンプラー、グラニュー糖、豚肉、鶏がらスープ、タマリンド、ピーナッツ
主なスパイス	カレー粉、クミン

cumin

curry powder

curry 44

🍛 特徴
豚肉をたっぷりのしょうがやハーブなどで煮込んだカレー。唐辛子の辛みとタマリンドの酸味、パームシュガーの甘みのバランスが良い。ピーナッツの口あたりや風味が香ばしく、トッピングのしょうがもアクセントに。水分は少なめで、お肉がメインのカレー。

🥣 豆知識
タイ北部の代表的なカレー。北部はミャンマーの影響を受けることが多く、ミャンマーから伝わったとされる料理。「ハンレー」は豚という意味。北部ではココナッツミルクはあまり使用せず、スパイスとハーブのみで調理するものが多い。チェンマイではポークカリーでも通じる。

🇹🇭 The Kingdom of Thailand
ゲーン・マッサマン・ガイ 〔鶏肉とピーナッツのカレー〕

SHOP コカレストラン＆マンゴツリーカフェ有楽町店

世界一おいしいカレーに選出
ガイ（鶏肉）とピーナッツの濃厚なタイカレー

辛　　さ：	■■□□□□□□□□
タ イ プ：	さらさら、水分少なめ
あう主食：	ジャスミンライス
主な食材：	レモングラス、にんにく、カピ、塩、パームシュガー、ナンプラー、ローリエ、鶏肉、ピーナッツ、鶏がらスープ
主なスパイス：	ブラックペッパーホール、クミン、クローブ、シナモン、カルダモン、スターアニス

star anise / black pepper / cardamom / cumin / cinnamon / clove

curry
45

🍛 特徴
ココナッツミルクの量が他のタイカレーと比べて多く、ほのかな辛さの中に、深いコクと甘みがある。あまりタイでは使用されないスパイス、スターアニスが入り、なんともオリエンタルな香り。やわらかな鶏肉に絡むピーナッツの濃厚なうまみも相成り、虜になる人が後を絶たない。

🥣 豆知識
アメリカの情報サイト『CNN Go』で、世界で一番おいしい食べ物に選ばれたことがあるマッサマン。「マッサマン」とはイスラムという意味で、スパイス・ハーブなどはタイ料理で使っていないものが多く登場する。また、タイはイスラム教ということから鶏肉で作られることが多い。

Part 1 世界のカレー図鑑

🇹🇭 The Kingdom of Thailand

パッ・パネーン・ムー

豚肉と野菜の濃厚カレー

SHOP コカレストラン＆マンゴツリーカフェ有楽町店

こってり濃厚な甘みとうまみ
レストランや屋台の定番タイ料理

辛　　さ	■■■□□□□□□□
タ イ プ	さらさら、水分が少なめ
あう主食	ジャスミンライス
主な食材	レモングラス、バイマックル、にんにく、カピ、ココナッツミルク、パームシュガー、ナンプラー、豚肉、野菜、鶏がらスープ、ピーナッツ
主なスパイス	クミン、コリアンダー、プリッキーヌ（赤唐辛子）

curry
46

🌶 特徴

濃厚なソースが肉と野菜に絡まった、深みのあるカレー。辛さは控えめで、ココナッツミルクのコクとピーナッツの香ばしい風味、ハーブのさわやかな香りがミックスし、日本人にもなじみやすい味。ジャスミンライスがおすすめだが、日本の米にもあう料理。

🍚 豆知識

タイ中部でよく食べられているパネーンカレー。日本のタイ料理店ではあまり見かけないが、タイで食べたことのある旅行者たちからひそかに人気が高まり、レトルトカレーも販売されている。パネーンの起源や由来はカンボジアのカメーン（鶏肉カレー）という説がある。

🇹🇭 The Kingdom of Thailand

ゲーン・オム・ガイ　ディルのカレー

SHOP コカレストラン&マンゴツリーカフェ有楽町店

塩味を感じる
ディルが主役のスープカレー

辛　　　さ：	■■■□□□□□□□
タ イ プ：	さらさら
あう主食：	ジャスミンライス
主な食材：	レモングラス、鶏手羽、鶏がらスープ、プラーラー（発酵した魚の調味料）、ナンプラー、野菜、ディル
主なスパイス：	プリッキーヌ ヘーン（乾燥唐辛子）

chilli pepper

curry
47

🍛 特徴
口に含んだ瞬間、ディルの香りが広がり、ハーブ独特の爽快感が味わえる、スープのような不思議なカレー。ハーブの香りが強いので、好みが分かれるが、肉と野菜がたっぷり入っていて栄養満点。辛みというよりは塩味があり、スープ感覚で食べるカレー。

🥄 豆知識
タイの東北部（イサーン地方）の家庭料理。東北部料理でよく使用される調味料プラーラーを使っているのが特徴。また、ディルは「パクチー・ラーオ（ラオス）」と呼ばれ、色々な料理に使用するがカレーにも。ハーブとプラーラーなど、さまざまな香りが感じられる。

ゲーンパー

🇹🇭 The Kingdom of Thailand

野菜のスープカレー

SHOP コカレストラン＆マンゴツリーカフェ有楽町店

ココナッツミルクを使わない独特の風味
森のカレーと呼ばれるスパイシー料理

辛　　さ：	■■■■■■■■□□
タ イ プ：	さらさら
あう主食：	ジャスミンライス
主な食材：	レモングラス、バイマックル、にんにく、カピ、鶏がらスープ、ガパオ、クラチャイ、野菜
主なスパイス：	クミン、コリアンダー、プリッキーヌ(赤唐辛子)

cumin

chilli pepper

coriander

curry 48

🌿 特徴

汁気の多いカレーで、たっぷり使われたハーブの香りがさわやか。見た目通りの、目が覚めるような辛さが特徴。豊富な種類の野菜が入り、食物繊維をたくさん摂ることができる。また、油を使用していないので、ヘルシーな味わいなのに食べごたえ抜群のカレー。

🍶 豆知識

タイ東北部のスパイシーなスープカレー。「パー」は森、野生という意味で、「森のカレー」ともいわれる。東北部森林地域ではココナッツが採れないので、タイ料理に多く使われるココナッツミルクは用いられない。さらに現地では、ジビエ肉を使って作られることもある。

🇹🇭 The Kingdom of Thailand

ゲーンソム

〔 白身魚のカレー 〕

🅢🅗🅞🅟 コカレストラン&マンゴツリーカフェ有楽町店

タイ南部の主流
酸味の効いたさらさらのカレー

辛　　さ	： ■■■■■□□□□□
タ イ プ	： さらさら
あう主食	： ジャスミンライス
主な食材	： レモングラス、バイマックル、にんにく、カピ、パームシュガー、ナンプラー、野菜、白身魚、タマリンド
主なスパイス	： コリアンダー、クミン、ターメリック、プリッキーヌ(赤唐辛子)

coriander

chilli pepper

cumin

turmeric

curry
49

 特徴

酸味とほのかな甘さが特徴。色々な種類の野菜と白身魚で淡白だがスパイスの効いた風味。辛さにもパンチがあり、インド料理に多く使われるスパイスも使用されている。南部は海に面している地域が多いので、メイン食材に魚や海老が多く使用される。

 豆知識

ソムとは酸っぱいという意味。その名の通り、酸味のある果実「タマリンド」を使用したカレー。パームシュガーも入り、ほんのりした甘みもあるため、英語圏では「タイ・サワーカレー」とも呼ばれている。また、イエローカレーを食べる南部らしく、ターメリックも使用している。

ブルネイ  Brunei Darussalam

ボルネオ島の北部、マレーシアと接しているブルネイは、イスラム教国なので豚肉を食べることは禁止されています。また、ブルネイではアルコールも禁止されているため、料理にアルコールを用いることはありません。

Brunei Darussalam
カリアヤム

(鶏肉のカレー)

マレーシア、インドネシア、中国の影響大
酸味の効いたスパイスカレー

辛　　　さ：	■■■□□□□□□□
タ イ プ：	こってり
あう主食：	米
主な食材：	鶏もも肉、じゃがいも、玉ねぎ、トマト、ココナッツミルク
主なスパイス：	シナモン、スターアニス、クローブ、カルダモン、赤唐辛子

cinnamon

star anise

clove

curry
50

 特徴

インドネシアやマレーシアにも同じ名前のカレーがあるが、ブルネイのカリアヤムはタマリンドを使用しているので少し酸味がある。また、スターアニスで香り付けをしているので、どことなくインド風にも感じる。辛さの調節は赤唐辛子の量で決める。

豆知識

ブルネイではイスラム教で豚肉は避けられているものの、牛肉も高価であるという理由からあまり食べられてはいない。肉はもっぱら鶏肉を使用。地方では野鳥やホエジカなどのジビエを狩猟している。海に面しているため、魚料理も多く、米やでんぷん食品もよく使用されている。

シンガポール　Singapore

シンガポールは国民の約7割が中華系、そのほかにマレー系、インド系など複数の民族で構成されている多民族国家です。それぞれの文化が色濃く反映された地域があり、異なる民族間で融合されず、別々の様式を守り続けている地域もあります。そのため、インド人街や中国人街などで本格的な料理を楽しむことができます。

 Singapore

フィッシュヘッドカレー

辛　　　さ：	■■■□□□□□□□
タ イ プ：	さらさら
あう主食：	米
主 な 食 材：	魚の頭、オクラ、パイナップル、トマト
主なスパイス：	レモングラス、赤唐辛子、ターメリック、カレー粉

魚の頭のカレー

インパクトのある見た目だが、繊細な味で意外と食べるところがたくさんあるカレー

lemongrass

chilli pepper

turmeric

curry powder

curry 51

 特徴

豪快な見た目が衝撃的なカレー。大きな魚の頭がごろっと入り、他の具材はオクラとパイナップル。見た目とは裏腹に繊細な味わいで食べやすい。魚のだしがよく効いているので、辛さの中にも酸味と甘みが感じられる、シンガポールの名物料理だ。

 豆知識

シンガポールのマーケットで、捨てられた魚の頭を見た南インドのケララ州出身の人が、1950年代に作ったのが始まりといわれている。フエダイなどの頭を、レモングラスや赤唐辛子、ターメリックで香り付けして、リトルインディア(インド人街)で古くから食べられている。

Part 1 世界のカレー図鑑

🇸🇬 Singapore
ラクサ スパイシーココナッツミルク麺

ココナッツミルクと海老のだしが効いた甘くてスパイシーなカレースープ

辛　　　さ：	■■
タ イ プ：	こってり
あう主食：	麺、ライスヌードル
主な食材：	海老、厚揚げ、ココナッツミルク、パクチー
主なスパイス：	レモングラス、赤唐辛子、カビ

lemongrass

chilli pepper

curry
52

🍛 特徴
ココナッツミルクをベースとした甘みのある濃厚なスープが特徴的で、海老や厚揚げなどさまざまな具材を入れて作る。スパイシーだが辛みは弱いので、好みでホットソースや唐辛子をプラスすると良い。スープがよく絡む太めのライスヌードルで食べるのが定番。

🍚 豆知識
ラクサはマレーシアにもあるが、シンガポールのものは中華とマレーシアの文化を融合させたニョニャ料理が起源といわれている。海老のだしとココナッツミルクの甘み、独特のスパイスが効いたコクのあるスープが特徴。具材は店によって異なるが、肉は一切使われていない。

マレーシア

Malaysia

マレー系を中心に、中華系、インド系の主に3つの民族が暮らすマレーシア。多民族の国だけに食文化もそれぞれの特徴を持ちます。タイに近いマレー半島北部、インドネシアに近い南部、海を隔てたボルネオ島などでは、味の好みが違いますが、共通点は唐辛子とカレーが好まれていること。辛みのある、カレー風味の料理がマレーシア人の日常食です。

Malaysia

ケタムマサラマ

蟹のカレー

辛　　　さ：	■■■□□□□□□□
タ イ プ：	さらさら
あう主食：	バゲット、パン
主な食材：	蟹、ココナッツミルク
主なスパイス：	青唐辛子、レモングラス、カレー粉、ターメリック

**蟹のうまみとコクが染み出た
辛くて甘い、ココナッツ風味の甘辛カレー**

curry
53

green pepper

lemongrass

curry powder

turmeric

特徴

青唐辛子の辛みとレモングラスのさわやかな風味が、蟹のうまみを引き立てるゴージャスなカレー。ひとしきり蟹を食べた後、バゲットやパンでカレースープをすくって食べるのがマレーシアのカレー。蟹のエキスがたっぷり染み出たスープが絶品だ。

豆知識

マレー半島は海に面しているので、魚介類が豊富に取れる。そのためカレーの具材にも魚や蟹が多く使用される。辛いソースで蟹を炒めたチリクラブが名物でもあるが、ケタムマサラマも人気のメニュー。マレーシアはわざわざ蟹だけを食べに行く人も多いほど蟹がおいしいと有名。

Part 1 世界のカレー図鑑

🇲🇾 Malaysia

イカンマサラマ

魚のカレー

辛みとコクのあるスープで
魚を丸ごと煮込んだ奥深いカレー

辛　　　さ：	■■■□□□□□□□
タ イ プ：	さらさら
あう主食：	米、バゲット、パン
主 な 食 材：	魚、玉ねぎ、オクラ、トマト、ココナッツミルク
主なスパイス：	ターメリック、カイエンヌペパー、レモングラス

curry
54

特徴
タマリンドをつけて下準備をした魚は臭みがなく、ほど良い酸味が残る。スパイスを加えたココナッツミルクベースのスープと相性が良く、パンにもごはんにもあう。食材が豊富なマレーシアでは、魚は1匹丸ごと調理して大皿でテーブルに出すのがポピュラーなスタイル。

豆知識
カレーが大好きなマレーシア人は、炒め物や揚げ物など、なんでもカレー味に調理する。特に魚介が多く取れるので、そのレパートリーも多い。また、マレーシア料理のポイントは食感と香り。カリカリした食感を好むので揚げ物好きで、香りの良いハーブも頻繁に使用する。

アフリカ　Africa

地球上で2番目に大きな大陸であるアフリカの食文化は多彩で、東西南北、そして中央、それぞれに独自の伝統や料理があります。なかでも東アフリカのケニアではサフラン、クローブ、シナモンなどのスパイスを多く使用するのが特徴的。ケニアのカレーは、鉄道建設のためにイギリス人によって英領インドから連れてこられた、インド人労働者から伝えられたといわれています。

Africa (Kenya)
ケニアカレー

SHOP カラバッシュ

辛　　　さ：	■■■□□□□□□□
タ イ プ：	こってり
あう主食：	米
主 な 食 材：	骨付き鶏肉、玉ねぎ、トマト
主なスパイス：	オリジナルミックススパイス

**野菜を隠し味に使った
うまみ抜群のスパイシーカレー**

curry 55

特徴
ケニアのチキンカレーは、見た目と味は日本のカレーに似ているが、後から来るスパイスの香りが独特。骨付きの鶏肉を使用し、たっぷり時間をかけて煮込んでいるせいか、だしが出ていてうまみも抜群。隠し味に入れているにんじん、大根、セロリの風味も感じられる。暑い国ならではのスパイスカレーだ。

豆知識
カラバッシュは大使館のシェフも務める西アフリカ出身のシェフのお店。以前アフリカのあらゆる地域に料理修行へ行ったときに学んだ料理をメニューとして展開しており、ケニアカレーもそのひとつ。アフリカでは気候のせいか、作り置きはせずにその日のうちに食べる。カレーもミックススパイスがあればすぐにできる料理だったとか。

Part 1　世界のカレー図鑑

🇸🇳 Africa (Senegal)

マフェ　ピーナッツのカレー

SHOP カラバッシュ

ピーナッツとトマトの調和が絶品
エキゾチックなセネガル料理

辛　　　さ	■■
タ　イ　プ	とろとろ
あう主食	米
主な食材	ピーナッツ、トマト
主なスパイス	オリジナルミックススパイス

curry
56

🍛 特徴

西アフリカ・セネガルの代表的な料理、マフェは、ソース・アラシッドともいわれている。姿はカレーライスのようだが、ピューレ状にしたピーナッツとトマト、赤唐辛子を使用したソースのようなもの。一般的にカレーと同様、ごはんにかけて食べられている。小麦粉やオクラの粉を入れてとろみ付けされることもある。

🍶 豆知識

マフェの故郷、セネガルでは鍋で煮込んだソースをごはんにかけて食べるスタイルが定番。そんな料理をニャーリチン（2つ鍋を使う）と呼び、ひとつはマフェ、もうひとつではごはんを作る。現在では肉や米が食べられているが、昔は肉類は少なく、バオバブの新芽や時期により収穫できる限られた野菜が主食だったとか。

フィジー
Republic of Fiji

四方海に囲まれた南の島フィジーは、バヌアツやトンガに近いオセアニアの国家。もともと暮らしていたメラネシア人と、サトウキビ農園の労働者として移住してきたインド人が主要民族という、他に類を見ない民族構成の国です。そのためカレーは日常的に食され、主に魚介を具材にするメニューが豊富です。

Republic of Fiji
カリソロワ

海老のカレー

海老のうまみを味わう
ココナッツミルク仕立ての
マイルドカレー

辛　　　さ：	■■□□□□□□□□
タ イ プ：	さらさら
あう主食：	米、ロティ
主な食材：	海老、玉ねぎ、トマト、ココナッツミルク
主なスパイス：	カレー粉、ターメリック、ガラムマサラ、クミン、マスタード

turmeric
curry powder
cumin

curry
57

🥣 特徴
伝統的な調理方法で作る海老のカレーは、スパイシーだがココナッツミルクの香りと甘みでマイルドな仕立て。海老はココナッツミルクで煮ることで臭みが取れ、うまみをスープへ移すことができる。ごはんにかけて食べるほか、そのまま飲んでもおいしい。

🥄 豆知識
南太平洋の島国フィジーの料理は、ポリネシア料理をはじめ、インド、中華、イギリス料理のテイストが混ざりあったものが多い。カレーはインド人が伝えたのだが、北南どちらにも属さない味で、辛みが弱くマイルド。スパイスを水で溶いてから火にかける調理方法も特徴的だ。

Part 1 世界のカレー図鑑

Republic of Fiji

カリトア 鶏肉とじゃがいものカレー

小さな具材で食べやすい
ローカルが好むマイルドなカレー

辛　　　　さ	■■
タ　イ　プ	こってり
あう主食	ロティ
主な食材	鶏もも肉、じゃがいも、玉ねぎ、にんにく、しょうが
主なスパイス	カレー粉、ターメリック、ガラムマサラ、クミン、マスタード

curry powder
turmeric
garam masala
cumin
mustard

curry
58

🍛 特徴
マイルドで食べやすいカレー。玉ねぎの量が少なく、じゃがいもと鶏肉は小さく切って、炒めてから煮込む。火が通りやすく、比較的調理時間は短い。ロティで包むと本格的。スパイスの配合などはインドカレーに似ているが、辛みが控えめなので子どもでもOK。

🥄 豆知識
フィジーの主食は米や小麦粉ではなく、イモが主に食べられている。市場にはダロ（タロイモ）、タピオカ（キャッサバ）、クマラ（さつまいも）などのほか、パンの実や青いバナナなどが並んでいる。カレーにも、他の具材よりイモが多くマイルドな味付けが主流。

79

ベトナム   Viet Nam

ベトナムは古来から中国文化と、植民地支配を受けていたフランスとの関わりが強く、食文化にもその影響が大きく残されています。特に北部にはフレンチレストランも多く、フランスパンのサンドイッチやスパイスを使ったカレー料理が日常の食生活の中に定着しています。

★ Viet Nam

カームォイサーオット

辛　　さ：	■■■■□
タ イ プ：	さっぱり
あう主食：	米
主な食材：	白身魚、他
主なスパイス：	レモングラス、赤唐辛子

魚のカレー炒め

辛くて香りの良い刺激的なカレー風味の魚

lemongrass

chilli pepper

curry
59

 特徴

レモングラスとにんにく、赤唐辛子の風味を効かせたスパイスペーストに、魚を漬け込んで焼くシンプルな料理。カレーというイメージには程遠いが、レモングラスの香りと唐辛子の辛みがエスニックフードの代表、タイのグリーンカレーのような味だ。

豆知識

ベトナムは南北にのびた長い国で、地域によって気候や食習慣が異なる。大きく分けると日本のしょうゆ的な調味料・魚醤(ヌクマム)や塩を多く使う北部、唐辛子を使った辛いものが多い中部、砂糖やハーブを使う甘い味付けの南部の3つの地域に分かれる。

カーリガー 🇻🇳 Viet Nam

（鶏肉のカレー）

**ベトナムの南部、ホーチミンが発祥
さつまいもの甘みがマイルドなカレー**

辛　　さ：	■■□□□□□□□□
タ イ プ：	さらさら
あう主食：	バゲット、米
主な食材：	鶏もも肉、さつまいも、にんにく、玉ねぎ、ココナッツミルク
主なスパイス：	レモングラス、カレー粉、パプリカ

lemongrass
curry powder
paprika

curry 60

🌀 特徴

ベトナム南部の料理。蒸し暑い気候なので、砂糖を使用した甘辛い味が特徴。さつまいもや玉ねぎなどの甘みを持つ野菜も多く使われる。味付けは主にヌクマムを使用。甘みがありマイルドなカレーなので、ホーチミンではバゲットをつけるのがポピュラーな食べ方。

豆知識

ベトナム料理の特徴は、隣接する中国やカンボジア、タイなどの食文化とも似てはいるが、小魚を塩漬けにして発酵させたヌクマムという調味料を使うこと。「ガー」とはベトナム語で鶏肉という意味で、「フォーガー」(麺料理)など、カレー以外の料理にもよく登場する。

カンボジア   Cambodia

アンコール・ワットで名高いクメール王朝の時代から、ポルトガル人やスペイン人、オランダ人が往来していたカンボジア。唐辛子とともにあらゆるスパイスがわたってきたので、カレー料理は多くありますが、タイやインドの強烈な辛さはなく、全体的にマイルドなカレー。また、フランスの植民地時代も長いため、フランス食文化の影響を受けています。

Cambodia

ノムバンチョック サムロー プロハークテイ

（グリーンカレー麺）

辛さ	■■■□□□□□□□
タイプ	さらさら
あう主食	麺
主な食材	たけのこ、ピーマン、パプリカ、魚
主なスパイス	グリーンカレーペースト、レモングラス、ターメリック

カンボジアの国民食ともいえるスープ麺
マイルドでハーブの香りが効いた一品

lemongrass turmeric

curry 61

特徴
レモングラスの香りが際立った、マイルドなカレー。タイのグリーンカレーに似ているが、焼いた魚の身をほぐしてスープに入れるのが特徴。お店や屋台では、麺のみ入ったスープに、自分で好きなハーブや生野菜を入れて、好みでレモンを絞る。

豆知識
ノムバンチョックとは、スープをかけて食べるビーフンのこと。主に麺は米から作られる押し出し麺で、食感はやわらかくもちもちしていて日本のそうめんに似ている。現地の屋台ではココナッツを使った辛みの少ない緑色のスープと、辛みの強い赤いスープが人気。

Part 1 世界のカレー図鑑

🇰🇭 Cambodia

カリーサラマン 豚肉の赤いカレー

ピーナッツとココナッツミルクで作る
バゲットで食べるのにぴったりなカレー

辛　　さ：	■■■□□□□□□□
タ イ プ：	さらさら
あう主食：	米、バゲット
主な食材：	豚肉、ピーナッツ、ココナッツミルク
主なスパイス：	レモングラス、赤唐辛子、山椒、スターアニス、カピ

lemongrass
chilli pepper
star anise

curry
62

🍛 特徴

真赤な色が辛そうに見えるが、マイルドな欧風シチューに似た味。スパイスに山椒やスターアニスを使用しているので、食べる前から不思議な香りに包まれる。また、味付けには海老を塩漬けして発酵させたカピというペーストを使用。タイやインドとはまったく違うカレーだ。

🍶 豆知識

かつてフランスの植民地だったカンボジアには、主食としてバゲットが定着している。そのため、カレーもパン食にあうシチューのようなものが多い。スパイス使いは中国やタイにも影響を受けているせいか、エスニックな香りがするカレー料理が地元の人々に好まれている。

ラオス Lao People's Democratic Republic

東南アジアで唯一内陸国であるラオスは、山と川で摂れるものやハーブをふんだんに使用したヘルシーなカレー料理が数多くあります。また、タイに近いため、タイ東北部の料理とも似ていますが、カレーはそれほど辛みはなく、シンプルな味付けが特徴です。

Lao People's Democratic Republic

オップグア

牛肉のカレー炒め

レモングラスの効いた
カレー風味の
香ばしい牛肉炒め

辛　　さ：	■
タ イ プ：	こってり
あう主食：	米、カオニャオ(もち米)
主 な 食 材：	牛肉、じゃがいも、にんにく
主なスパイス：	レモングラス、バイマックル、カレー粉

lemongrass

bai-makruut

curry powder

curry 63

特徴

香り付けにレモングラス、味付けにナンプラーを使うのが特徴。どことなく風味はタイカレーに似ているが、スパイシーだが辛さは控えめで食べやすい。本場のラオスではごはんかもち米と一緒に食べるが、そのままお酒のおつまみとして食べることもできる。

豆知識

ラオスの街中には路面におかずを並べて販売している店が多い。スパイシーなものが中心だが、しょうゆ味も多いので日本人にもなじみやすい。また、ラオスの主食でもある「カオニャオ」は、インディカ(長粒)の糯(もち)米を蒸したもので、カレーにも良くあう。

🇯🇲 ジャマイカ　　　Jamaica

ジャマイカの料理は、ヨーロッパやアフリカ、インド、アジアなどさまざまな国の影響を受けています。ジャマイカ料理で有名なものはジャークチキンといって、スパイスに鶏肉を漬け込み焼いたもの。そこにハーブも加えてカレーとして食べられているものも多いようです。

🇯🇲 Jamaica
カリチキン
（タイム風味の鶏肉のカレー）

**フレッシュタイムの香りで癒される
カリブ海のマイルドなアロマカレー**

辛　　　さ	■■■□□□□□□□
タ イ プ	こってり
あう主食	米
主な食材	鶏手羽元、じゃがいも、トマト、にんにく、玉ねぎ、ライム
主なスパイス	フレッシュタイム、カレー粉、ガラムマサラ、オールスパイス、カイエンヌペッパー

all spice

fresh thyme

curry powder

curry 64

特徴
オリジナルのミックススパイスとフレッシュハーブをふんだんに使った、スパイシーなカレー。ジャマイカの地元民は豆を入れて炊いたごはんと一緒に食べるのが定番。骨付き鶏肉のうまみとコク、スパイスとハーブの香りにライムのさわやかな酸味が食欲をそそる。

豆知識
ジャマイカの先住民タイノ族が作ったといわれているミックススパイスは、カレー以外にも色々な料理に使われている。また、アイタルフードと呼ばれる、天然のハーブや野菜中心の料理もジャマイカならではで、カレーにもハーブが多く使用されている。

🇺🇸 アメリカ United States of America

イギリスと同様、アメリカでのカレーの歴史は古く、17世紀半ばにカレーが登場しており、イギリスで発売された料理本が、18世紀初めにアメリカでも出版されています。いつごろから浸透したのかは不明ですが、日本の江戸末期にはアメリカでもカレーが食べられていたそうです。

🇺🇸 United States of America

ハンバーグカレー

**肉をガッツリ食べる
ボリューム満点の豪快カレーライス**

辛　　　さ：	■■□□□□□□□□
タ　イ　プ：	こってり
あう主食：	米
主な食材：	牛肉、玉ねぎ、にんにく
主なスパイス：	カレー粉、ターメリック、コリアンダー、クミン、カイエンヌペッパー

curry powder
turmeric
coriander
cayenne pepper

curry 65

🍛 特徴

粗挽きにした牛肉のハンバーグをトッピングしたボリューム満点のカレー。オーブンでじっくり焼いて肉汁を閉じ込めたハンバーグとスパイスに野菜を煮込んで作ったカレーは相性抜群。香ばしさと、カリカリっとした食感のあるフライドガーリックがポイントに。

🍛 豆知識

アメリカにカレーが伝わった当初は、スパイスはなかなか手に入らない高級品だった。東インド会社の独占体制が崩れたあと、一般的に食するようになったとか。1820年のボストンでは、チキンカレーやロブスターのカレーが提供されるようになったといわれている。

Part 1 世界のカレー図鑑

ハワイアンカレー

United States of America (Hawaii)

パイナップルの甘酸っぱい風味を味わう
フルーティーな南国ハワイカレー

辛　　　さ：	■■□□□
タ イ プ：	こってり
あう主食：	米
主な食材：	豚肉、玉ねぎ、じゃがいも、パイナップル、海老
主なスパイス：	カレー粉、コリアンダー、ターメリック、クミン、ガラムマサラ

curry powder
coriander
cumin
garam masala

curry 66

🍛 特徴

口に入れた瞬間は甘酸っぱく、しばらくするとじんわり辛みがついてくる。添えられたガーリックシュリンプとアボカドが、口直しのアクセントになっている。やわらかく煮た豚肉と生に近いパイナップルがなんともハワイらしく、フルーティーな香りが広がるカレー。

🥄 豆知識

太平洋に浮かぶ複数の島からなるハワイ州。明治時代に日本人移民がわたったころからカレーを食べるようになった。そのカレーはイギリスから伝えられたもので、当時はさらさらなシチューのようだった。今ではとろみのある日本のカレーに似たものになっている。

87

🇬🇧 イギリス
United Kingdom of Great Britain and Northern Ireland

18世紀にインドからイギリスにわたったスパイスは、イギリス人の手によってカレー粉というミックススパイスを誕生させました。ヴィクトリア女王に献上されたことをきっかけに、上流階級へ、まずは浸透していきました。19世紀初頭には、そのカレー粉が東南アジアから日本にわたり、その後、日本から世界各地に広まり現在に至ります。

🇬🇧 United Kingdom of Great Britain and Northern Ireland

ビーフカレー

うまみとコクが凝縮した
とろみのあるビーフカレー

辛 さ	■■□□□□□□
タ イ プ	とろとろ
あう主食	米、ナン
主な食材	牛肉、玉ねぎ、トマト、セロリ、にんにく、しょうが
主なスパイス	カレー粉

curry 67

curry powder

特徴
現在の日本のカレーライスの原形ともいえるイギリスのカレー。とろみ付けに小麦粉を使用し、具材とスパイスを炒めてから、じっくりと野菜の形がなくなるまで煮込む。牛肉もやわらかく、口の中でとろける食感がたまらない。手間暇かけた、コクとうまみのある魅力的なカレーだ。

豆知識
インドやパキスタンを植民地としていたイギリスはさまざまなスパイスを手にすることができた。移民としてインド人が多くやってきてからは、インド料理の店が増え、繁盛し始めた。カレー粉発祥の国イギリスには、今では8000店舗をゆうに超えるインドレストランがある。

Part 1 世界のカレー図鑑

日本で生まれた
カレー料理

made in Japan

カレーライスは家庭でも定番の料理として親しまれていますが、日本にはカレーを使った独自のアレンジ料理もたくさんあります。その中でも国民食として愛されているカレー料理を、その歴史とともにご紹介します。

カレーパン

洋食のトップ2が合体

カレーパンが誕生したのは昭和初期。東京の下町のパン屋さんが「洋食パン」という名前で販売したのが始まり。中にカレーが入っていたためカレーパンと呼ばれるようになったとか。普通のパンより水分が多いため上手く焼けず、「カツレツ」にヒントを得てパンを揚げたようです。当時、西洋のパンに洋食で人気だったインドのカレーを入れるアイデアは斬新で、瞬く間に民衆に広がったそうです。

カレーうどん

だしの味とカレーの風味

明治時代、洋食が流行り和食店が存続の危機に立たされたことから、カレーうどんが生まれたといわれています。発祥は二説あり、ひとつは早稲田にある三朝庵。近所にカレーライス店ができ、客足が遠のいてしまった店の存続のため開発。もうひとつは目黒にある朝松庵で、やはり洋食に押されてカレー南蛮を開発。理由はどうあれ、日本のだしとカレーが出会い、後世の食文化に繋がったことは間違いありません。

マルちゃんのカレーうどん

マルちゃん カレーうどん
甘口 5食パック/東洋水産
株式会社

子どもにもおすすめの、辛さ控えめでマイルドな味わい。「カレーうどん」は、1965年に生まれ、現在でも人気のあるロングセラー商品。発売当初はスープ別添えタイプが登場し、さまざまな味の開発が可能となる中、新しいフレーバーとして「カレー味」が注目されている時期でした。ポークエキスと野菜のうまみ、しょうゆでととのえた、香り豊かなカレー味のスープが後を引くうまさと今でも人気です。

日本人に愛され続けるロングセラーの
インスタントカレーヌードル

ラーメンはカレーと同様、日本人のソウルフード的存在。その二つが合体したカレーラーメンも、1950年代から各地で食べられていたといいます。インスタントでは、1961年に日清食品の「チキンラーメン プラスカレー」、同じ時期にエースコックの「カレーラーメン」が発売。その後、続々とカレー味のスープで食べるインスタント麺が登場し、今でも増え続けています。中でも簡単に食べられるカップ麺は非常食としても重宝されています。

カップヌードル カレー

マイルドでとろみのあるカレースープ

「チキンラーメン」を大ヒットさせた日清食品は、カップ麺の開発に取り組み、1971年に「カップヌードル」を発売。当初はあまり売れなかったが、翌年のあさま山荘事件の際、機動隊員が「カップヌードル」を食べている映像がTVでたびたび放映され、全国的にヒット。1973年には「カップヌードル カレー」が発売された/日清食品株式会社

カップヌードル
欧風チーズカレー

チーズのコクと
欧風カレーが相性抜群

ビーフオイルがプラスされた、高級感のあるビーフカレー味。チェダーチーズとモッツァレラチーズが入っている/日清食品株式会社

MARUCHAN
QTTA CURRYラーメン

スパイスの香りが
引き立つスープ

ラードの風味が香ばしい麺と、ガラムマサラなどのスパイスが入った、欧風をイメージしたコクのあるカレー味のスープ/東洋水産株式会社

日清のどん兵衛
牛だしカレーうどん [西]

食べごたえのある牛だし

もっちりとしたつるつるのうどんに、牛とかつお、昆布のあわせだしが効いた、味わい深く食べごたえのあるカレーうどん/日清食品株式会社

日清のどん兵衛
スパイシー豚カレーうどん [東]

クセになるスパイシーな
豚カレーうどん

名前の通り、スパイスが効いたスープに豚のうまみが詰まった本格的なカレーつゆが特徴。もっちりしたうどんによく絡む/日清食品株式会社

シマダヤ
「讃岐庵」和風カレーうどん

だしが決め手鍋焼うどん

かつおだしが効いた和風のカレーつゆに、つるつるでこしのある太めの讃岐うどん。刻みあげとねぎが入った、常温で100日間保存可能な鍋焼うどん(秋冬限定商品)/シマダヤ株式会社

Part 1 世界のカレー図鑑

マルちゃん
カレーらーめん 5食パック
マイルドでコクのある
カレー味のらーめん

カレーになるのはうどんばかりじゃない！ポークエキスのうまみと野菜の甘みがベースのスープに、スパイスが香るマイルドだけどスパイシーなカレーラーメン/東洋水産株式会社

シマダヤ「長持ち麺」
和風カレーうどん
かつおだし仕立ての
特製つゆ

常温で100日間保存可能な「長持ち麺」鍋ひとつで作ることができるかつおだし仕立てのカレーうどん/シマダヤ株式会社

マルちゃん
黒い豚カレーうどん
豚をベースにかつおだしも香る

豚のうまみと玉ねぎの甘みが効いた、とろみのあるつゆとこしと弾力のある太めのうどんとマッチ。風味豊かなひとしな/東洋水産株式会社

マルちゃん だしの極み
和風カレーうどん
好みの具を入れて
作るカレーうどん

なめらかでこしのある北海道小麦使用のうどんと、自家製だしを使用した液体つゆ。カレーの風味豊かな粉末スープで仕上げる/東洋水産株式会社

日清旅するエスニック
具付き3食 グリーンカレー
おうちでカンタン 本格エスニック♪

20種類のスパイスを使用。ココナッツの甘みと青唐辛子の辛みが効いたグリーンカレーヌードル。鍋で煮込むだけで本格的なタイの味を楽しむことができる/日清食品株式会社

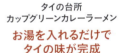

タイの台所
カップグリーンカレーラーメン
お湯を入れるだけで
タイの味が完成

タイといえばグリーンカレー、といわれるほど人気のカレーとラーメンのマリアージュ。本場の味と香りで南国気分を味わえると評判/株式会社アライドコーポレーション

和風カレー うどん用 中辛
具材を入れて作る本格派

風味豊かな和風だしとスパイスが効いた本格的な「お蕎麦屋さんのカレー南蛮」がおうちで作れるカレーうどん専用ルウ/エスビー食品株式会社

日清カレーメシ ビーフ

カップにお湯を注ぎ、5分たったら"グルグル"とかき混ぜるだけで、手軽に本格的なカレーが味わえる。コリアンダーなど複数のスパイスと、隠し味にココアを使用することで、深いコクを感じられるカレーに仕上がっている/日清食品株式会社

日本 Japan

インドで生まれたカレーはイギリスにわたり、日本にやってきました。その後、さまざまな食材と組みあわさって、独自の進化を遂げた日本のカレーは、固形カレールーの開発により、いまや味噌汁などに続くおふくろの味ともいえる存在になりました。もともとごはんが主食だった日本では、ごはんにあうようにアレンジされ、カレーライスというネーミングで定着。家庭料理としても愛される国民食として発展しました。また、外食産業でもカレー店は増え続けています。インドカレーだけではなく地域ごとの日本オリジナルのカレー店も多く、喫茶店のカレーから専門店まで、スパイスにこだわったカレー好きのオーナーが研究を重ねて開発したものも少なくありません。なかでも「ドライカレー」や「スープカレー」は日本生まれ。感性豊かな日本人があみ出すオリジナルカレーは、味だけではなく、健康に気づかった食材選びや、見た目も華やかなトッピングなども特徴といえます。

cumin

coriander

cardamom

clove

Japan
ドライカレー ケムリカレー

オリジナルミックススパイスが決め手
スパイシーでもやさしい味のカレー

辛　　さ：	■■■□□□□□□□
タ イ プ：	こってり
あう主食：	雑穀米
主な食材：	合挽き肉、ブロッコリー、レタス、きゅうり、トマト、なす、パプリカ、揚げごぼう
主なスパイス：	クミン、コリアンダー、カルダモン、クローブ、フェネグリーク

curry
68

特徴
ごはんが隠れるほどの、色とりどりの野菜がトッピングされたドライカレー。こってりパンチの効いた味のドライカレーは、野菜と混ぜて食べると口の中でちょうど良い。添加物など一切使用していないので、スパイシーでありながらも体に良いやさしい味付けだ。

豆知識
ドライカレーはインドのキーマカレーを原形とし、日本でアレンジされた料理。1910年ごろ、日本郵船の外国航路船「三島丸」の食堂にいたシェフが、初めて挽き肉で作った汁気のないドライカレーを提供したといわれている。その他にも、カレー味の炒飯のこともドライカレーと呼ぶ。

🇯🇵 Japan

とりと野菜のスープカレー

SHOP ケムリカレー

ダイナミックなチキンとカラフルな野菜
貝のスープが効いたコク深いカレー

辛　さ	選べる ■■■□□□□□□□
タイプ	さらさら
あう主食	雑穀米
主な食材	鶏もも肉、ブロッコリー、カボチャ、にんじん、青梗菜、きのこ、カイワレ大根、スナップエンドウ
主なスパイス	クミン、コリアンダー、カルダモン、クローブ、ペネグリーク

curry 69

🍛 特徴

貝で取ったスープはうまみとコクがあり、さらっとしているけどガツンとパンチが効いている。骨付きチキンはくずれるほどやわらかく、トッピングされたカラフルなたっぷり野菜とのマッチングも絶妙だ。雑穀米と相性が良く、いくらでも食べられてしまうスープカレー。

🥄 豆知識

日本の札幌が発祥の地といわれているスープカレーは、南インドやスリランカ、タイなどの汁気の多いカレーに似ている。北海道では海産物や地で取れた根菜などを大きくカットし、スープで煮込まず揚げたり焼くなど別に調理をするものが多く、ごはんは別盛りで提供される。

Part 1 世界のカレー図鑑

🇯🇵 Japan

ピンクカレー

五感で味わうシチュー風のカレー
鮮やかなピンク色は栄養満点のビーツ

辛　　さ	選べる ■■□□□□□□□□
タ イ プ	とろとろ
あう主食	米
主な食材	ビーツ、ココナッツミルク、なす、オクラ、パプリカ、ゴーヤ、ミニトマト
主なスパイス	クミン、クローブ、コリアンダー、カイエンヌペッパー

curry 70

🍛 特徴

目に飛び込む驚きのピンク色をしたカレーは、ほんのりスパイスの香る、シチューのような味。ピンク色を出すのに使用しているものは、血液量を増やし、新陳代謝を上げる栄養価の高い野菜「ビーツ」。ココナッツミルクの甘い匂いとピンク色がよくあっている。

🥣 豆知識

ビーツの名産地である鳥取県が発祥といわれている。その証拠にピンクのしょうゆやマヨネーズ、うどんなど、鳥取県にはピンク色の食べ物がたくさんある。なかでも一番インパクトの強いものがピンクカレー。レトルトもあり、お土産としても人気があるらしい。

🇯🇵 Japan

なすとチキンのカレー

SHOP curry草枕

焼いたなすにカレースープが染み込む
玉ねぎ1個分入ったスパイスカレー

辛 さ	選べる ■■■□□□□□□□
タイプ	さらさら
あう主食	米
主な食材	鶏もも肉、なす、パプリカ、ピーマン、玉ねぎ
主なスパイス	クローブ、カルダモン、クミン、コリアンダー、カイエンヌペッパー

clove

cardamom

cumin

coriander

cayenne pepper

curry 71

🍛 特徴

具材が大きく食べごたえのあるカレー。しっかりした味は北インド風だが、さらさらなスープタイプは南インドカレーを思わせる。スープには肉類が一切使用されていないにも関わらず、コクとうまみはしっかりと。焼いたなすはスープが染み込んで口当たり抜群だ。

🥄 豆知識

オーナーが北海道で学生生活を送っているときに出会ったスープカレーを参考に、研究を重ねて開発した。毎日仕込むオリジナルのルーには、一皿につき1個ぶんの玉ねぎが入っている。オーダーを受けてからスパイスをあわせるので、フレッシュで香り高いカレーができあがる。

🇯🇵 Japan
海老とプチトマトのカレー

SHOP curry草枕

海老のだしが効いたコクのあるスープ
スパイスとプチトマトの酸味が絶妙

辛 さ：	■■■■□□□□□□ 選べる
タ イ プ：	さらさら
あう主食：	米
主な食材：	海老、プチトマト、パプリカ、ピーマン、玉ねぎ
主なスパイス：	クローブ、カルダモン、クミン、コリアンダー、カイエンヌペパー

curry 72

特徴
海老のだしが効いて風味も抜群。プチトマトをかむと酸味が口の中で広がり、スパイスと共に香りが鼻を抜ける。ベースとなっているすりおろした大量の玉ねぎで、小麦粉を使用していないのに、とろみもありごはんにあう。ぷりぷりの食感の海老も風味が良い。

豆知識
そのままでもおいしい素材に巡り会ったとき、生まれる新しいメニュー。アイデアの発祥が北海道だった、という理由もあり、使用する米は特別に作ってもらっている北海道産。オリジナルにブレンドしたスパイスカレーと相性が良く、どんな具材もおいしく食べられる。

🇯🇵 Japan

アボカドカレー

SHOP もうやんカレー 大手町店

濃厚カレーとアボカドは
体が喜ぶ抜群の組みあわせ

	選べる	
辛　　さ：	■■■■■	
タ イ プ：	とろとろ	
あう主食：	米	
主な食材：	アボカド	
主なスパイス：	ターメリック、クミン、コリアンダー、クローブ、カルダモン	

curry 73

🍛 特徴

もうやんカレーのルーには野菜や果物が、ホテルなどの高級カレーの3倍入っているという。わざと裏ごしはせずに、食物繊維をたっぷり入れているのが特徴。そのコクとうまみ、ブレンドされたスパイスが、さっぱりしたアボカドと一緒に食べると、口の中で不思議なハーモニーを奏でる。

💡 豆知識

カロリーの高いイメージだったアボカドを、ミスユニバースのアメリカ人アドバイザーが、体に良いからと参加者たちに進めていたことがきっかけでトッピングするように。最初はアボカドだけだったが、見栄えを良くし、おいしくするためにツナマヨも入れるようになった。

Part 1 世界のカレー図鑑

🇯🇵 Japan
チーズカレー
🅢🅗🅞🅟 もうやんカレー 大手町店

大量の野菜のエキスが溶け込んだ
濃厚なカレーにゴーダチーズがマッチ

	選べる
辛　　　さ：	■■■■■□□□□□
タ イ プ：	とろとろ
あう主食：	米
主な食材：	ゴーダチーズ
主なスパイス：	ターメリック、クミン、コリアンダー、クローブ、カルダモン

curry
74

🍛 特徴
グルテンフリーで化学調味料を一切使用していないが、とろとろで濃厚なカレー。カレーにパンチがあるので、トッピングするチーズも味の濃いゴーダチーズを使用。市販のとろけるチーズより固まりやすいので、早く食べるのがおすすめ。チーズもカレーに負けない味だ。

🥄 豆知識
スポーツトレーナーだったオーナーが、体に良い食べ物を追求し研究を重ねた結果、生まれたもうやんカレー。最初は野菜のごった煮スパイス味だったものを2年間毎日食べ続けた。体調が良かったことから改良を重ね、たどり着いたとのこと。独特なカレーができあがった。

🇯🇵 Japan

金沢ロースカツカレー

黒いルーが印象的な金沢カレーは
スパイスの効いたクセになる味

辛　　さ：	
タ　イ　プ：	トロトロ
あう主食：	米
主な食材：	豚ロース、キャベツ
主なスパイス：	ターメリック、コリアンダー、クミン、フェンネル、唐辛子、スターアニス

curry 75

🍛 特徴

古くから愛され続けている金沢カレーの特徴は、濃厚でドロッとした黒いルーと、ドカンとのったロースカツ。その上にはソースがかかっている。キャベツの千切りが添えられ、それらはステンレスの皿に盛られていて、先割れスプーンかフォークで食べるのがルールだ。

💡 豆知識

学生時代に訪れたNYに憧れていたオーナー。ヤンキース時代の松井秀喜選手がホームランを打ったのを見て発起。ふるさとのカレーを研究し、ゴーゴーカレーを立ち上げ、現在はNYにも進出。ちなみにシンボルのゴリラはゴジラ（松井選手のニックネーム）からきているらしい。

Japan

ベジタブルミールス

SHOP とら屋食堂

いくらでも食べられるスパイス料理
複数の野菜を使った華やかなミールス

chilli pepper　　turmeric

辛さ	■■□□□□□□□□
タイプ	さらさら
あう主食	米
主な食材	なす、オクラ、ゴーヤ、冬瓜、豆、こごみ、ヨーグルト
主なスパイス	ターメリック、チリペパー、マスタード、カレーリーフ

mustard

curry leaf

curry 76

特徴
何度おかわりしても完食するお客様が多いという野菜のミールス。9種類もある野菜のおかずは、料理人が手間暇かけてひと品ずつ丁寧に調理したもの。全体的にスパイシーだがさっぱり味で胃にもたれない。最後はごはんにヨーグルトをかけて食べるのがおすすめとか。

豆知識
とら屋のご夫妻が、東京の大森にある店「ケララの風モーニング」の店主であり、数々の食の仕掛け人、沼尻氏と出会ったことがきっかけで、本格的なミールス作りを始める。現地で食べた野菜料理に感銘を受け、研究と修業を重ねてベジタブルミールスが生まれた。

🇯🇵 Japan

よこすか海軍カレー

日本カレーのルーツ海軍カレーは
栄養バランスのとれたとろみあるスパイスカレー

辛さ（選べる）	■■■□□□□□□□
タイプ	とろとろ
あう主食	米
主な食材	玉ねぎ、じゃがいも、にんじん、肉
主なスパイス	カレー粉

curry powder

curry
77

🍛 特徴

オリジナルのレシピによると、小麦粉でとろみをつけ、カレー粉で作るスパイスカレーだ。マイルドで、味は家庭で作るカレーに近い。よこすか海軍カレーを店で食べると、サラダと牛乳が必ずセットになっている。栄養バランスが考えられた食べ方なのだろう。

🥣 豆知識

日本のカレーのルーツともいわれている海軍カレーは、現在も海上自衛隊で毎週金曜日に食べられている。同じ曜日に同じものを食べることで、曜日感覚をなくさないためだ。野菜と肉が入り栄養バランスも良く、調理も手軽な点が採用された理由のひとつらしい。

Part 1 世界のカレー図鑑

大阪 Osaka

独自に進化した「大阪のカレー」特集

「カレー好きは大阪へ行け！」といわれるほど独創的で個性的、唯一無二のカレー店が大阪に続々と登場しています。なかでも注目を浴びているのがスパイスカレー。欧風のとろとろしたものとは違い、ドライタイプやさらさらしたルーにさまざまなトッピングが目を引きます。そこで、『世界のカレー図鑑』編集部が独自に選んだ、独特の進化系大阪カレーを紹介します。

curry 78

turmeric
chilli pepper
cumin
coriander
black pepper

Osaka

出汁キーマ

SHOP 虹の仏

ミシュランガイド2019でビブグルマンを受賞。ビジュアルも美しいスパイスカレー

辛　　さ	■■■■■□□□□□
タ イ プ	さらさら
あう主食	古代米
主な食材	挽き肉、大根、にんじん、れんこん、オクラ、キャベツ、カイワレ大根
主なスパイス	ターメリック、チリペッパー、クミン、コリアンダー、ブラックペッパー

特徴

スリランカカレープレートのように、カレーとごはん、そして色々な具材を混ぜて食べることで味の変化が楽しめる。カレー自体は和の出汁が効いたやさしい味。挽き肉から出た脂とうまみ、スパイスが見事に一体化。和のうまみが際立つ、さらさらのスパイスカレーだ。

豆知識

元和食の料理人だったオーナーが、スリランカカレーに出会い、研究を始めた。販売を始めてからも、年間300を超えるカレーを食べ歩き、他にはない「出汁感がすごいカレー」を開発。スリランカカレーの様に副菜も豊富にし、最後まで色々な味を楽しみながら食べられるカレーとなった。

Osaka

アアベルチキンカレーと アサリとのらぼう菜のマサラのあいがけ

スパイスたまごトッピング

SHOP アアベルカレー

インドのターリーをイメージした
プレート。圧倒的なバランスに
カレーファンは釘付け

辛　　さ	■■■■■■■□□
タ イ プ	さらさら
あう主食	七分づき米のターメリックライス
主な食材	鶏肉、アサリ、のらぼう菜、れんこん、卵
主なスパイス	クミン、コリアンダー、クローブ、カルダモン、ブラックペッパー、マスタード

特徴

インドの定食スタイルである『ターリー』にインスパイアされた、副菜いっぱいの具沢山スパイスカレー。週替わりで旬の食材(野菜はもちろん、魚介類やジビエなど)を積極的に使っている。また、和洋中で使用される調味料とスパイスの融合も特徴的だ。

豆知識

5年前に間借りでカレー店を始めたが、技術をつけるため西インドから南インドを一ヶ月かけて見て回り修業。カレーのテイスト、コンセプトが決まる。帰国後、実店舗をオープン。開店後もアイデアを得るため、年に一回はインドおよびアジア地域を視察しているという。

curry 79

cumin

coriander

black pepper

clove

mustard

cardamom

curry 80

Osaka

キーマカレー

SHOP Columbia8

合言葉は「右手にスプーン、左手にしし唐」。大阪のカレー好きの中ではもはや常識！

辛　　　　さ：	■■■■□□□□□□
タ　イ　プ：	さらさら
あう主食：	麦飯
主な食材：	しし唐、インゲン
主なスパイス：	企業秘密

特徴
30種以上のスパイスを巧みに操り、手前から奥に香りの広がりを計算されたカレー。その香りをより楽しめるように、ルーとライス以外の場所に甘み、苦み、酸味、塩味などを分けて仕掛けてある。より味と香りに集中できる環境作りもなされた、唯一無二のオリジナルカレーだ。

豆知識
店主が自己表現の方法としてカレーを作ることを決意し、さまざまな料理屋で経験を積み2008年に北浜本店をオープン。その後も料理の勉強をしていく中で、今のスタイルが生まれた。2018年にはカレー屋としては、西日本で最初のミシュランガイド掲載店となった。

curry 81

coriander
cumin
clove
mustard
cinnamon

Osaka

ベジラムキーマ

SHOP curry家Ghar

季節の野菜をふんだんに取り入れた
セミドライタイプのキーマカレー

	選べる1-10まで可
辛　　　さ：	
タ イ プ：	セミドライ
あう主食：	米
主な食材：	ラム挽き肉、玉ねぎ、にんにく、トマト、オクラ
主なスパイス：	コリアンダー、クミン、クローブ、マスタード、シナモン

特徴

ラムの旨味とスパイスが効いたキーマカレーとスパイスやココナッツで炒めたパプリカ、なすなどの野菜を一緒に食べるカレー。ドライというよりほんのり湿り気があり、ラムの風味と素材感も味わえる。辛さが選べるので、自分好みの味で食べることができる。

豆知識

オーナーは東京の名店「DELHI」で修業した、大阪では数少ない経歴の持ち主。ベジラムキーマは、以前働いていたカレー屋で月替わりとして出ていたカレーをアレンジして作ったとのこと。少しずつスパイスや調味料を調整しながらオリジナルのカレーにできあがった。

Part I 世界のカレー図鑑

Osaka
ボタニカリー合いがけポージョ

SHOP ボタニカリー

ハーブとスパイスで素材の
うまみを引き出し、さわやかな辛みの
体にやさしいカレー

	選べる1〜激辛、SUPER
辛　　さ：	
タ イ プ：	さらさら
あう主食：	米
主な食材：	鶏肉、卵、大根、にんじん、れんこん
主なスパイス：	クミン、コリアンダー、カルダモン

特徴

ハーブ＆スパイスの香りと辛みによる、見た目も麗しい立体的なカレー。じっくり煮込んだ鶏がらスープと国産玉ねぎを中心に、数種類の野菜を煮込んで作ったルーは、スパイシーでうまみもたっぷり。油控えめで無添加、化学調味料なども不使用なので安心して食べられる。

豆知識

体や胃腸にやさしいが食べた充実感があるものを目指し、できあがったボタニカリー。無添加なので胃腸にもやさしく、スパイスが新陳代謝を活発にする健康志向のカレー。混ぜないでくずしながら食べると、香りが増して味の変化が楽しめる、という食べ方の提案も個性的だ。

curry
82

cumin

coriander　cardamom

107

curry 83

Osaka

3色カレー 〈SHOP バンブルビー〉

強烈な刺激を楽しみたい人へ
味わったことがない
本格的スパイスカレー

辛　　さ：	■■■■■■■■■■□□
タ イ プ：	こってり
あう主食：	3分つき玄米
主な食材：	鶏肉、レタス
主なスパイス：	クミン、コリアンダー、グリーンカルダモン、クローブ、マスタード、カロンジ、キャラウェイ

特徴

「スパイスが苦手な人、刺激に弱い方にはあわないかもしれません」と注意書きがある。刺激好きにはワクワクする文句だ。カレーは食材ごとにスパイスの配合が違い、3種類のソースを楽しめるようにセットされている。すべてここでしか味わえないスパイシーなカレーだ。

豆知識

インドカレーに代表される、ミールズに影響を受け、1皿で提供するスタイルにしたという。刺激的なスパイスカレーは何種類ものスパイスを独自に調合しじっくり煎ることにより、深みのある香りと辛みを引き出す。研究の結果、調味料は使用せず、素材の持つ味のみで作り上げた。

みんな大好き レトルトカレー & カレールー大図鑑

スーパーにズラリと並ぶレトルトカレー&カレールー。誰もが知っているものだけど、意外と知らないことも。そこで『世界のカレー図鑑』編集部ではレトルトカレーの歴史をひもとき、特徴のある商品を厳選しました、ご覧ください。

レトルトカレーとは？

レトルトの語源はオランダ語で「加圧加熱殺菌をする釜」という意味。そのレトルト釜と呼ばれる装置で高温殺菌され、常温で長期保存ができるカレーをレトルトカレーといいます。1950年ごろから、アメリカでは軍や宇宙食用としてレトルト食品の研究開発が始まっていました。ところが1968年に徳島県にある大塚食品工業が、いち早く世界初の家庭用レトルトを発売したのです。それをきっかけに、レトルトカレーは日本中に広まりました。

カレールーとは？

ルーとは、フランス料理などでよく登場する、小麦粉とバターを加熱しながら混ぜあわせたもの。カレールーはそこにスパイスや塩、ブイヨンなどを加え、水分を飛ばし固めたもの。戦後から1950年代にかけ、複数の食品メーカーが粉末や固形のカレールーを開発。商品として販売されるようになりました。現在では、より溶けやすく研究されたフレークやペースト状のカレールーも登場。家庭用カレールーは今も進化し続けています。

CMで大ヒット！ ハウスのククレカレー

ククレカレー 中辛 180g/ハウス食品株式会社

クックレス（調理しない）という名で一世を風靡

テレビCMで「おせちもいいけどカレーもね」のセリフが話題を呼び、一気にレトルトカレーのトップに躍り出たククレカレー。そのネーミングの由来は「調理しない」という意味の英語、クックレスからきています。その名の通り、袋ごと湯煎にかけて温めればすぐに食べられる便利なカレーを、当時の人たちは年末年始の買い置き用にしていたとのこと。マイルドな味と、ほど良いスパイシーさで発売開始した1971年より、今も愛され続けているカレーです。その後、ククレカレーはレトルトカレー開発の基盤作りに貢献。数々のレトルトカレーが生まれています。さらにクックレス化が進み湯煎だけでなく、封を切らずに箱のまま電子レンジで温めることもできるようになりました。

世界初の市販用レトルトカレー
ボンカレーの話

世界初の市販用レトルト食品が生まれたのは、徳島県だということをご存じでしたか？そのレトルト食品とは、女優の松山容子さんのパッケージでおなじみのボンカレーです。ここでは誕生秘話から今に至るまでの物語を紹介します。

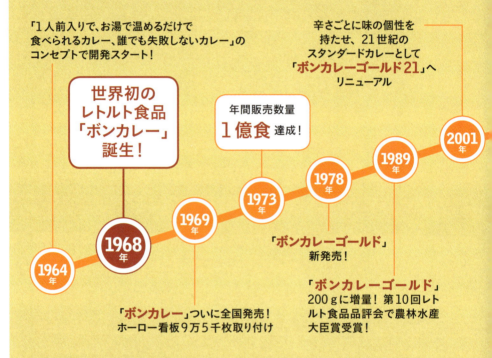

「1人前入りで、お湯で温めるだけで食べられるカレー、誰でも失敗しないカレー」のコンセプトで開発スタート！

世界初のレトルト食品「ボンカレー」誕生！

年間販売数量 1億食 達成！

辛さごとに味の個性を持たせ、21世紀のスタンダードカレーとして「ボンカレーゴールド21」へリニューアル

1964年
1968年
1969年
1973年
1978年
1989年
2001年

「ボンカレー」ついに全国発売！ホーロー看板9万5千枚取り付け

「ボンカレーゴールド」新発売！

「ボンカレーゴールド」200gに増量！第10回レトルト食品品評会で農林水産大臣賞受賞！

「一人前入りで、お湯で温めるだけ、誰でも失敗しないカレー」のコンセプトで1968年2月12日、世界初の市販用のレトルトカレー「ボンカレー」が発売されました。そのボンカレーが生まれたきっかけとなったのは、軍用の携帯食用ソーセージ。真空パックに入ったソーセージが掲載されている記事を見て、「この技術とカレーを組みあわせれば、お湯で温めるだけで食べることができるカレーが作れるかもしれない」そんな思いで開発が進められました。

コンセプトに基づいたカレーを完成させるには、「常温で長期保存が可能」「保存料を使わないこと」が絶対条件。当時はパウチする包材もなければ、レトルト釜もありません。実は、その開発の秘密は医療用の点滴薬にありました。点滴

のを防ぐため、高温処理をします。当時の大塚食品工業には、この殺菌技術を持ったグループ会社があったので、その技術をもとに自分たちでレトルト釜を製作しました。しかしカレーを入れた袋をレトルト釜に入れ、加圧加熱殺菌をすると破裂したりと前途多難。温度と圧力の調整とパウチの耐久性、中身の耐熱性、殺菌条件などのテストを繰り返し行い、1968年阪神地区限定で発売開始。しかし当時のボンカレーは、ポリエチレン・ポリエステルの2層構造の半透明の袋だったので、光と酸素によって風味が失われ、賞味期限は冬場で3か月、夏場だと2か月という短いものでした。その後、試行錯誤を繰り返して1969年に賞味期限2年を実現し、アルミ製の袋に進化を遂げました。

> レトルトカレー

日本初！お子さま向けカレー
S&B カレーの王子さま

「安全・安心、健康・栄養」をコンセプトに、1歳から食べられる「カレーの王子さま」シリーズは、子どもの味覚や食物アレルギーに配慮した商品。アレルギー特定原材料等27品目を含むものを使わずに作ったシリーズや、国産緑黄色野菜を使った商品など、幅広いラインナップがあります。そんな子ども用のカレーが誕生したきっかけは、子ども時代から食卓にカレーライスが登場することが当たり前に育った世代が親になり、わが子のために愛を込めて作る料理に着目したこと。離乳食が終わった子どもの「はじめてのカレー」として開発されました。

カレーの王子さま レトルト〈アレルギー特定原材料等27品目不使用〉70g /エスビー食品株式会社

魅惑のハワイアンカレー 南国フルーツのビーフカレー 200g/ハチ食品株式会社

プロ クオリティ ビーフカレー4袋入り〈中辛〉170g×4/ハウス食品株式会社

麻布十番ビーフカレー〈特製デミグラスソース仕立て〉210g/ハウス食品株式会社

ザ・ホテル・カレー〈香りの中辛〉180g/ハウス食品株式会社

吟旨ビーフカレー〈コク仕立て〉180g/ハウス食品株式会社

吟旨ビーフカレー〈香り仕立て〉180g/ハウス食品株式会社

カレー職人ビーフカレー 中辛 170g/江崎グリコ株式会社

フォン・ド・ボー ディナーカレー レトルト 中辛 200g/エスビー食品株式会社

カレー曜日 中辛 230g/エスビー食品株式会社

LEE トムヤム風チキンカレー辛さ×10倍 180g/江崎グリコ株式会社

LEE 麻辣ビーフカレー辛さ×10倍 180g/江崎グリコ株式会社

LEE ビーフカレー辛さ×10倍 180g/江崎グリコ株式会社

激辛好きのために生まれたカレー
江崎グリコ LEE

江崎グリコといえば、ビスコやポッキーなどの甘いお菓子を作る会社というイメージですが、こだわりのカレーにかけては他社に引けを取りません。LEEはそれを代表するカレー。カレーの辛さレベルは通常「甘口、中辛、辛口」ですが、LEEは辛さ倍率表示。その意味は、カレーソースに含まれる唐辛子とこしょうの辛み成分の総量を基準に、辛さ×5倍なら5倍量相当を配合しています。現在は辛さ10倍と20倍が販売されていますが、発売当初は1倍というものがあったそう。それが今でいう「辛口」に相当するそうです。

LEE ビーフカレー辛さ×20倍 180g/江崎グリコ株式会社

レトルトカレー

選ばれし人気店〈濃厚バターチキンカレー〉180g/ハウス食品株式会社

選ばれし人気店〈特製ビーフカリー〉180g/ハウス食品株式会社

選ばれし人気店〈牛豚キーマカレー〉180g/ハウス食品株式会社

銀座カリー 25周年特別限定品 210g/株式会社 明治

男の極旨 黒カレー 180g/株式会社 明治

選ばれし人気店〈芳醇チキンカレー〉180g/ハウス食品株式会社

長く愛され続けるハイカラの味
明治 銀座カリー

今年で25周年を迎えた銀座カリーは、昭和5年に発売された「キンケイ・ギンザカレー」の復刻版。そのネーミングからも昭和初期の銀座のモダンな世界を思わせます。当時、銀座に咲いた洋食文化は、街をかっ歩したモダンガール&ボーイにとって最高のトレンドだったに違いありません。そんな銀座カリーは、一晩じっくり煮込んだブイヨンを、牛肉と香味野菜でもう一度煮出す、特製二段仕込みブイヨンを使ったもの。まろやかなコクと甘みが秘訣のソテーオニオンと、絶妙にブレンドされたスパイスでなめらかなルーが特徴。炊きたてのごはんにあう、贅沢なレトルトカレーです。

銀座カリー 中辛 180g/株式会社 明治

今でも海上自衛隊では毎週金曜日に食べる
ヤチヨ よこすか海軍カレー

カレーライスが一般的に家庭で食べられるようになったきっかけは、旧日本海軍にあるといわれています。明治初期、海軍・陸軍軍人は脚気に悩まされていました。その原因は栄養バランスの偏った食事。そこで肉や野菜をたくさん使ったカレーを取り入れたら、脚気に苦しむ人が激減。その後、故郷に帰国した兵士たちにより全国に広まったものがカレーライスだそう。その作り方を忠実に再現したものがレトルトの「よこすか海軍カレー」です。また、一旦大海原へ出てしまうと曜日感覚がなくなるということで、今でも海上自衛隊では毎週金曜日がカレーの日と定めて、カレーが提供されています。

よこすか海軍カレー 200g/株式会社ヤチヨ

咖喱屋カレー〈甘口〉200g/ハウス食品株式会社

咖喱屋カレー〈中辛〉200g/ハウス食品株式会社

咖喱屋キーマカレー 150g/ハウス食品株式会社

カレーマルシェ〈甘口〉180g/ハウス食品株式会社

カレーマルシェ〈中辛〉180g/ハウス食品株式会社

カレーマルシェ〈辛口〉180g/ハウス食品株式会社

レトルトカレー

 素材にこだわる自然派カレー
オーサワのベジカレー

ナチュラル系の食材を販売しているお店などでよく見かけるオーサワのレトルト食品。オーサワジャパンは1945年の創業以来、マクロビオティック食品を核として、さまざまな自然食品を展開しています。ベジカレーシリーズもそのひとつで人気の商品。国内産の特別栽培した野菜を使用し、精製糖や動物性原料、化学調味料は一切不使用。植物性素材だけで作られているこだわりのカレーは野菜のうまみがたっぷり。マイルドな甘口カレーで、ベジタリアンやヴィーガンでも安心して食べることができます。

オーサワのベジカレー〈甘口〉210g/オーサワジャパン株式会社

オーサワのベジカレー〈中辛〉210g/オーサワジャパン株式会社

オーサワのベジきのこカレー〈中辛〉210g/オーサワジャパン株式会社

オーサワのベジキーマカレー〈中辛〉150g/オーサワジャパン株式会社

オーサワのベジひよこ豆カレー〈中辛〉210g/オーサワジャパン株式会社

オーサワのベジ根菜カレー〈中辛〉200g/オーサワジャパン株式会社

オーサワのベジエスニックカレー〈辛口〉170g/オーサワジャパン株式会社

オーサワキッズシリーズこどものベジカレー 200g（100g×2袋）/オーサワジャパン株式会社

 大量の野菜と果実で作った
もうやんカレー

一度食べたらクセになる、あのもうやんカレーがレトルトになりました。見た目は普通のカレーですが、中味は大量の野菜と果物を、じっくり時間をかけて焙煎したものがベースとなっています。そこに漢方薬膳の薬剤師監修のもと、配合したオリジナル熟成スパイスをたっぷり使用。そうして作られたカレーは、レトルトになってもお店で食べるのと同じ味です。とろっとしているのに小麦粉不使用のグルテンフリー、化学調味料不使用で体に良いカレー。ごろっと入っているポークも食べごたえ抜群です。

もうやんカレーポーク 160g/もうやんカレー株式会社

野菜を楽しむカレー
創健社 ベジタブルカレー

不要な合成食品添加物なしの、自然食品にこだわった商品を製作している創建社。「安全なものを、おいしく、楽しく食べることこそ健康の源」をコンセプトにさまざまなタイプのカレー、カレールーを開発。また、伝統的な日本食を重視し、食べ物本来が持つ力を活かして作られたというレトルトカレーシリーズは老若男女に愛されています。国内産野菜と国内産小麦粉、一番しぼりのべに花油等の、植物素材を使用した純植物性のヘルシーカレーは、食べるほどに体に良いので、健康を気づかう人に嬉しい商品です。

ベジタブルカレー REGULAR〈中辛〉220g/株式会社創健社

植物素材のバターチキン風カレー〈中辛〉170g/株式会社創健社

チキンカレー〈中辛〉180g/株式会社創健社

ベジタブルカレー・キーマタイプ REGULAR〈中辛〉170g/株式会社創健社

ベジタブルカレーMILD〈甘口〉220g/株式会社創健社

スポーツの前と後に食べる
リカバリーカレー

元トライアスリートで、トライアスロンのショップ運営やイベントを手がける「アスロニア」の代表、白戸太朗さんがゴーゴーカレーと共同開発したレトルトカレー。体内で生成することができない必須アミノ酸などが1食あたり1555mgも入っています。スポーツ栄養学の観点からベストな配合で、炭水化物のごはんと一緒に摂取することで、筋肉のリカバリーとコンディション回復をサポートしてくれるカレー。スポーツの前と後に食べると効果的なので2食入りです。

リカバリーカレー 2食入り 155g×2袋/株式会社 ゴーゴーカレーグループ

金澤プレミアムビーフカレー 1袋入り138g/株式会社 ゴーゴーカレーグループ

ゴーゴーカレー 2袋入り 155g×2袋/株式会社 ゴーゴーカレーグループ

ゴーゴーカレー ファイヤー 辛口 1袋入り138g/株式会社 ゴーゴーカレーグループ

のと豚カレー 1袋入り138g/株式会社 ゴーゴーカレーグループ

自分で作る派に重宝する
カレールー

ひとりならレトルトを食べるけれど、家族や友人と一緒なら手作りしたい、そんな自分で作る派の人に重宝するのがカレールー。辛いもの、マイルドなものなど、市販されているその種類は数えきれないほどあります。あなたならどれを選びますか？

子どもから大人まで
一緒においしく食べられる
ハウス バーモントカレー

カレールーは開発当初、大人のための辛い食べ物でした。しかし、子どもも大人も一緒においしく食べられるようにしたい、と考案されたのがバーモントカレーです。カレーの香り、味、色はそのままでも、辛さなどの強い刺激はおさえてマイルドな味わい。

パッケージにもあるように、りんごとはちみつを入れるアイディアは、りんご酢とはちみつを混ぜて飲むという「バーモント健康法」にちなんだもので、命名もそこからです。この健康法は当時、日本でもブームになりました。

バーモントカレー〈甘口〉230g／ハウス食品株式会社

バーモントカレー〈中辛〉230g／ハウス食品株式会社

ジャワカレー〈中辛〉185g／ハウス食品株式会社

こくまろカレー〈中辛〉140g／ハウス食品株式会社

カレー ZEPPIN〈コクを愉しむ中辛〉175g／江崎グリコ株式会社

プレミアム熟カレー〈中辛〉160g／江崎グリコ株式会社

ゴールデンカレー〈中辛〉198g／エスビー食品株式会社

プライムバーモントカレー〈中辛〉109g／ハウス食品株式会社

プライムジャワカレー〈中辛〉117g／ハウス食品株式会社

生ルー 180g もうやんカレー株式会社

海の幸カレー〈中辛〉120g/ハウス食品株式会社

スープカリーの匠 ペーストタイプ〈濃厚スープ〉119g/ハウス食品株式会社

ザ・カリー〈中辛〉140g/ハウス食品株式会社

塩分ひかえめ(25％オフ)ジャワカレー〈中辛〉120g/ハウス食品株式会社

まもり高める乳酸菌L-137 バーモントカレー〈中辛〉115g/ハウス食品株式会社

塩分ひかえめ(25％オフ)バーモントカレー〈中辛〉125g/ハウス食品株式会社

マイルドカレー〈甘口〉115g/株式会社創健社

グルメカレー〈中辛〉115g/株式会社創健社

インドカレー〈辛口〉115g/株式会社創健社

植物素材の有機カレー〈中辛〉100g/株式会社創健社

フォン・ド・ボー ディナーカレー〈中辛〉97g/エスビー食品株式会社

カレーの王子さま顆粒(アレルギー特定原材料等27品目不使用)60g/エスビー食品株式会社

特定原材料7品目不使用 バーモントカレー〈中辛〉36g×3袋/ハウス食品株式会社

特定原材料7品目不使用 はじめて食べるバーモントカレー〈やさしい甘口〉20g×3袋/ハウス食品株式会社

お肉を焼くだけでおいしいカレーの素〈鶏肉でつくる中辛〉88g/ハウス食品株式会社

お肉を焼くだけでおいしいカレーの素〈豚肉でつくる中辛〉88g/ハウス食品株式会社

オーサワのカレールウ〈甘口〉160g/オーサワジャパン株式会社

オーサワのカレールウ〈中辛〉160g/オーサワジャパン株式会社

植物素材の本格カレー 甘口(フレーク)135g/株式会社創健社

植物素材の本格カレー 中辛(フレーク)135g/株式会社創健社

植物素材の本格カレー 辛口(フレーク)135g/株式会社創健社

米粉でつくった本格カレールウ135g/株式会社創健社

オーサワ スパイス香るカレールウ〈中辛〉120g/オーサワジャパン株式会社

オーサワのカレー粉20g/オーサワジャパン株式会社

人気のタイカレー
レトルト&セット&ペースト

少しクセのある香りと刺激的な辛みが人気のタイカレー。2011年にはアメリカの人気サイト「CNN Go」でタイのマッサマンカレーが世界一おいしい食べ物に選ばれ注目を集めました。そんなタイカレーを手軽に食べることができる商品を紹介します。

レトルト タイで人気の高級カレーがレトルトで登場
ヤマモリ プーパッポン

この本の世界のカレーでも紹介しているプーパッポンは、タイの海鮮レストランで有名なカレー。見た目がゴージャスなこのカレーは、観光客はもちろんですが、地元のタイ人からも絶大なる支持を受けています。タイ語で「プー」は蟹、「パッ」は炒める、「ポン」はカレー粉を意味します。
卵のふんわりとした食感と蟹のうまみ、カレー粉の風味が効いた深い味わい。そんなプーパッポンがレトルトになって登場。高級感のあるカレーを気軽に食べることができます。

タイカレー プーパッポン 180g/ヤマモリ株式会社

タイカレー マンゴーカレー 170g/ヤマモリ株式会社

タイカレー プリック 160g/ヤマモリ株式会社

タイカレー パネーン 160g/ヤマモリ株式会社

タイカレー マッサマン 180g/ヤマモリ株式会社

タイカレー レッドカレー 180g/ヤマモリ株式会社

タイカレー グリーンカレー 180g/ヤマモリ株式会社

タイカレー イエローカレー 180g/ヤマモリ株式会社

タイの台所 タイからやってきた レッドカレーの素 70g/株式会社アライドコーポレーション

タイの台所 タイからやってきた グリーンカレーの素 70g/株式会社アライドコーポレーション

タイの台所 タイで食べた タイカレー レッド 200g/株式会社アライドコーポレーション

タイの台所 タイで食べた タイカレー グリーン 200g/株式会社アライドコーポレーション

 カレーセット ハーブやペースト等がオールインワン

タイの台所
タイグリーンカレーセット

タイカレーといえばグリーンカレーを思い浮かべる人も多いはず。タイ料理店に行けば必ずメニューにある、日本では一番メジャーな辛いカレーです。人気のカレーなのでレトルトもありますが、自分で作る派に最適なのはペースト。ただペーストは他の調味料も揃えなければいけないので面倒ですよね。そこでグリーンカレーセットがおすすめです。レシピに必要なカレーペーストをはじめ、ココナッツミルクパウダー、ナンプラー、スパイスがセット。あとは入れる具材のみを用意すれば本格的なグリーンカレーができあがります。

タイの台所 タイグリーンカレーセット 93g/株式会社アライドコーポレーション

KINDEE グリーンカレーパウダー 40g/株式会社アライドコーポレーション

グリーンカレーキット125.8g/ヤマモリ株式会社

タイの台所 タイレッドカレーセット 93g/株式会社アライドコーポレーション

タイカレー

カレーペースト

本格的なタイカレーを作りたい人には
ヤマモリ レッドカレーペースト

自分だけの味を作りたい、カレーだけじゃなくてほかの料理にも使いたい。そんな人におすすめなのがカレーペーストです。さまざまなハーブやスパイスをすりつぶし、手間暇かけて作られたペーストがレトルトになっています。
好みの具材とナンプラー、ココナッツミルクなどを用意すれば、本格的なレッドカレーなどを作ることができます。
レッドカレーペースト 1袋80g×2/ヤマモリ株式会社

グリーンカレーペースト 73g×2/ヤマモリ株式会社 / イエローカレーペースト 55g×2/ヤマモリ株式会社 / メープロイ レッドカレーペースト 50g/株式会社アライドコーポレーション / メープロイ グリーンカレーペースト 50g/株式会社アライドコーポレーション

カノワン レッドカレーペースト 50g/ユウキ食品株式会社 / カノワン グリーンカレーペースト 50g/ユウキ食品株式会社 / カノワン マッサマンカレーペースト 50g/ユウキ食品株式会社 / タイシェフグリーンカレーペースト業務用1kg/株式会社アライドコーポレーション

カノワン トムヤムペースト 30g/ユウキ食品株式会社 / カノワン ガパオ炒めペースト 50g/ユウキ食品株式会社 / プーパッポンカリーペースト 120g/ユウキ食品株式会社 / グリーンカレーペーストチューブ 100g/ユウキ食品株式会社

Part 2
カレーにあう サイド料理

カレーとは一皿で完結してしまう食べ物、というイメージがありますが、実はサイド料理も充実しています。カレーと同じスパイスを使用していても、使い方や素材で味が変わるのも特徴です。ここでは、タンドリーチキンなどの伝統的なインドのおかずから、おなじみのナンや、日本で進化を遂げたニュースタイルのカレースパイス料理までを一挙公開。使用しているスパイスはもちろん、それぞれの特徴や完成秘話などもご紹介します。

タンドリーチキン

**インド料理の王様と呼ばれる
カレーには欠かせないサイドメニュー**

あうカレー	北インドカレー
主な食材	鶏肉
主なスパイス	パプリカ、クミン、コリアンダー、ガラムマサラ、ターメリック

curry side dish 84

🌀 特徴

ヨーグルトやスパイスに漬け込んだ鶏肉を串に刺し、タンドゥールと呼ばれる壺釜で焼いた鶏肉。しっかりマリネされてから、高温で時間をかけずに焼き上がるので、食感は香ばしく、しっとりとやわらかい。主に骨付きの鶏肉で、カットしない大きめの状態で提供される。

🥄 豆知識

インド全土で食べられているものだが、特に北インドの料理にタンドゥールを使うものが多い。もとは王朝料理だったが、ヒンドゥ教徒の多いインドでは、肉料理としては鶏肉が親しまれているため一般市民にも広がり、現在ではインド料理を代表するものとなった。

シークカバブー

日本ではシシカバブとも呼ばれるインドが発祥の串刺し肉料理

あうカレー	：北インドカレー
主な食材	：挽き肉、パクチー、にんにく、しょうが
主なスパイス	：コリアンダー、ガラムマサラ、カイエンヌペッパー、黒こしょう

curry side dish 85

特徴
挽き肉に野菜やハーブを混ぜ、スパイスで味付けしたもの。その肉だねを串に巻きつけ、タンドゥールで焼くので、肉のうまみとスパイスの香りが閉じ込められておいしくなる。本場のインドでは、マトンの肉を使用することが多く、ミントのソースが添えられる。

豆知識
日本でシシカバブという名前で親しまれている料理。実はインド料理のシークカバブーと同一のもの。トルコ料理として紹介されているシシケバブ（肉の串刺し料理）と名前が似ているため混同されやすいが、まったく違うものだ。シークカバブーは日本の焼き鳥、つくねにも似ている。

チキンテッカ

SHOP ホットハウス トレッサ横浜店

**骨なしだから食べやすく、味が染み込む
カレーの具材でも活躍するチキン料理**

あうカレー	北インドカレー
主な食材	鶏肉
主なスパイス	パプリカ、クミン、コリアンダー、ガラムマサラ、ターメリック

curry side dish
86

特徴

ヨーグルトとスパイスに漬け込んだ鶏肉を串に刺し、タンドゥールで焼いたもの。と、ここまではタンドリーチキンと同じだが、チキンテッカは骨なしの肉を小さく切って調理するのが特徴。タンドゥールがない店などでオーブンを使う場合にチキンテッカとなる。

豆知識

パンジャーブ地方に伝わるインド料理のひとつ。パンジャビテッカとも呼ばれている。タンドリーチキンと同じ方法で作られるが、小さく切ってあるため、そのままカレーの具材として利用することが多い。日本でも、チキンテッカマサラの名前で知られている。

アルーマサラ (じゃがいものスパイス炒め)

**アルーとはヒンディ語でじゃがいも
スパイスが効いた炒め物のおかず**

あうカレー	：北インドカレー
主 な 食 材	：じゃがいも、玉ねぎ、しょうが、カシューナッツ
主なスパイス	：マスタード、赤唐辛子、ターメリック、カイエンヌペパー

curry side dish 87

🍛 特徴

下ゆでし、ホクホクしっとりしたじゃがいもにスパイスが絡みあう、肉じゃが風インド料理。ポイントは香ばしく炒めたカシューナッツと、意外な辛み。全体的にはやわらかいものの、カリッとしたナッツの食感が楽しい。おかずとしてはもちろん、主食の替わりにもなる。

🍚 豆知識

単品としても食べられるが、小麦食品と相性が良い。本場のインドでは朝食のチャパティと一緒に、またはパンなどにはさんで食べられることが多い。インドレストランでよく見かける、じゃがいもが入った揚げ物「サモサ」は、アルーマサラと似たものが入っている。

アルーゴビ （じゃがいもとカリフラワーのスパイス炒め）

**スパイスと絡みあう淡白な味のおかずが
こってり系のカレーとも相性抜群**

あうカレー	：北インドカレー
主 な 食 材	：じゃがいも、カリフラワー、にんにく、しょうが
主なスパイス	：クミン、コリアンダー、ターメリック、カイエンヌペパー

curry side dish 88

特徴

固めに下ゆでした野菜を、さらに炒め煮にすることで味が染み込み、スパイスの風味もしっかり楽しめる。ホクホクしたじゃがいもとサクッとした食感のカリフラワーの相性が良い。仕上げに絞り入れるレモン汁は、香りと酸味で味を引き立てる。なんともさわやかなスパイス料理だ。

豆知識

インド北部とパキスタンの国境にあるパンジャーブ州。そこで生まれたインド料理は、どちらかというと濃厚でクリーミー、こってりしたものが多い。そんな中、ベジ料理として人気なのがアルーゴビ。それぞれの食材にあわせたスパイス使いが絶妙で、さっぱりいただける。

ビンディーマサラ

オクラのカレー

オクラの粘りとトマトのリコピンが豊富な
女性に人気のスパイシーなサイド料理

あうカレー：全土のインドカレー
主な食材：オクラ、玉ねぎ、にんにく、しょうが、トマト
主なスパイス：クミン、コリアンダー、ターメリック、
　　　　　　　カイエンヌペパー

curry side dish
89

特徴

オクラの粘りとうまみがおいしい、スパイシーな野菜のおかず。こってりしたカレーや、肉系の料理にあわせると、お口直しにもぴったり。しっかりと炒められているので、オクラはしんなりしているが、さくさくした食感も残り、ピリ辛のサラダといった感じだろうか。

豆知識

インドはオクラの生産量が世界一だそう。そのためかオクラを使った料理が多い。しかし、オクラの青臭さや粘りによって、どこの国でも共通するように、子どもには不人気の料理らしい。ただ、インドでは生で食べられることはなく、カレーに入れて煮たり、炒めたりして食する。

チキンビリヤニ

**混ぜないインド風炊き込みごはん
ごはんとスパイスの層が成功のあかし**

あうカレー	全土のインドカレー
主な食材	バスマティ米、鶏肉、玉ねぎ、ヨーグルト、にんにく、パクチー
主なスパイス	パプリカ、コリアンダー、ガラムマサラ、ターメリック、サフラン

curry side dish 90

 特徴

スパイシーなインド式炊き込みごはん。ヨーグルトとスパイスに漬け込んだ鶏肉を米で挟むように鍋に入れて火にかける。日本のように混ぜて全体に味をいきわたらせることはしないので、見た目もまだら状態で味のメリハリがある。パラッとしたバスマティ米がカレーにもあう。

 豆知識

ビリヤニのルーツには諸説ある。現在ではイランであるペルシャ帝国がイスラム教の普及とともに、インドでムガル帝国時代にできた料理といわれている。その定義はインドのバスマティ米を使用、2種類以上のスパイスをあわせる、そして豚肉以外の肉を使用する、とのこと。

ゴーヤのアチャール、トマトチャトニー

インドの常備食、スパイシーなアチャール
隠し味に最適な甘みのあるチャトニー

あうカレー：	南インドカレー
主な食材：	ゴーヤ、レモン汁、トマト
主なスパイス：	マスタード、ターメリック、カイエンヌペパー

ゴーヤのアチャール

curry side dish 91

curry side dish 92

トマトチャトニー

🌀 特徴

アチャールは、漬物というよりはピクルスに近い酸味のある食べ物。少量でも刺激的な辛みがあり、香ばしさも特徴。チャトニーはペースト状のたれのようなもので、甘みとうまみが凝縮したジャムのような味わい。そのままチャパティにつけても、料理に入れても良い。

🥄 豆知識

どちらも起源はインドにあるといわれているが、発祥の地や時期などはわかっていない。アチャールは農作物が不作のときに備える保存食として作られ、食事の際に付けあわせとして食べられる。常温で保存できるものも多く、チャトニーはカレーを食べるときの隠し味に使う。

ナン、チーズナン

SHOP ホットハウス トレッサ横浜店

**日本人にとってはインドカレーといえばナン
インドでは高級店だけのアイテム**

あうカレー：北インドカレー
主な食材：強力粉、卵、牛乳、ドライイースト、チーズ

curry side dish
93

チーズナン

ナン

🍛 特徴

とろりとした北インドカレーのお供に欠かせないナンはカレーにつけて食べる定番アイテムだ。チーズナンは、ナンの生地にチーズをはさんで焼いたもの。実はインドではナンはあまり食べられておらず、チャパティ（全粒粉を水で練ったもの）が主に食べられている。

🥄 豆知識

インドカレーをつけて食べるおなじみのナンは、日本では長く伸ばした独特な形。しかし、本場インドのレストランなどで見かけるナンは丸い形をしている。ナンはタンドゥールで焼き上げるので、ふっくらと表面はサクサクで、中はもっちりの食感に仕上がる。

Part 2 カレーにあうサイド料理

マサラチャイ

SHOP ホットハウス トレッサ横浜店

スパイス香るミルクティーは
辛いカレーの食後にもぴったり

あうカレー	全土のインドカレー
主な食材	紅茶、牛乳
主なスパイス	シナモン、カルダモン、クローブ

cinnamon
cardamom
clove

curry
side dish
94

🌀 特徴

少量の水で紅茶を煮出し、そこに大量のミルクを足してからまた煮出す、という淹れ方をするので濃いミルクティーという印象。スパイスを入れ、好みで砂糖も加える。インドではポットで作り、あらかじめ砂糖も加えてかなり甘い味付けをしているものが多い。

🥄 豆知識

インドのミルクティーとして知られているチャイ。実はインドの伝統的な飲み物ではなく、チャイの起源は中国。中国では薬効のあるお茶として飲まれていたものをイギリス人が発見。インドに持ち込み栽培を始めた。チャイがインドで一般的になったのは1950年代である。

トードマンプラー、ソムタム

SHOP コカレストラン＆マンゴツリーカフェ有楽町

**カレーのお供に、そして箸休めにも最適な
タイ料理を代表するサイド料理**

ソムタム

あうカレー：タイカレー全般
主な食材：青パパイヤ
主なスパイス：唐辛子

chilli pepper

あうカレー：タイカレー全般
主な食材：青魚のすり身
主なスパイス：レッドカレーペースト

curry
side dish
96

トードマンプラー

curry
side dish
95

🍴 特徴

トードマンプラーは魚のすり身にレッドカレーペーストなどをあわせ、油で揚げたタイのお惣菜。ソムタムはまだ熟していない青いパパイヤの実を千切りにしてサラダにしたもので、酸っぱく辛みのあるもの。どちらもタイで人気のサイド料理。

🥣 豆知識

青パパイヤのサラダはタイでは定番のメニューで、屋台などでは小さな沢蟹を生のままハーブと一緒につぶして混ぜて作るが、これはあくまでも地元民が食べるもの。沢蟹は寄生虫がいるので、観光客は食べない方がいい。機会があったら「沢蟹なしで」とオーダーするのが賢明。

鴨あぶり焼き、ラタトゥイユ

もうやんカレー 大手町店

**これだけ食べにくるお客様もいるほど
大人気のタパスはもうやんの極み**

ラタトゥイユ

あうカレー	もうやんカレー
主 な 食 材	赤黄パプリカ、なす、ズッキーニ、玉ねぎ、トマト
主なスパイス	オリジナルミックススパイス

black pepper

あうカレー	もうやんカレー
主 な 食 材	鴨、ネギ、塩、油
主なスパイス	黒こしょう

curry side dish 98

鴨あぶり焼き

curry side dish 97

特徴

鴨あぶり焼きは、新鮮な生の鴨を塩漬けにし、塩を抜いてから冷蔵庫で寝かし、表面だけをあぶる。まるで生ハムのような味わいがある、かなり手の込んだ料理。オリジナルの練りスパイスを使って作られたラタトゥイユは、パンチの効いたスパイス味で、お酒にもあう。

豆知識

第1号店の西新宿では、昼はランチで盛り上がるが、夜は一気に人がいなくなり、カレーだけではだめだ、と感じたとき、タパスが生まれた。鴨あぶり焼きは、新鮮な鴨が手に入ったことがきっかけでメニューに掲載。ラタトゥイユは、オリジナルの練りスパイスを活かした野菜のみのヘルシーメニューだ。

スパイス味噌のなす田楽、クミンとシソのにんじんラペ

SHOP ケムリカレー

**スパイスの魔術師が繰り広げる
和のテイストで仕上げたひとしな**

あうカレー：スープカレー、ドライカレー
主な食材：にんじん、レーズン
主なスパイス：クミン、黒こしょう

あうカレー：スープカレー、ドライカレー
主な食材：味噌、なす、しし唐
主なスパイス：クローブ、スターアニス、ファイブスパイス

cumin　black pepper

curry side dish 100
クミンとシソのにんじんラペ

curry side dish 99
スパイス味噌のなす田楽

clove

star anise

five spice

🌰 特徴
田楽は見た目が黒く、どろっとしたソースがかなりこってりしているように見えるが、意外にあっさりした味で驚く。クミンの香りが効いたエスニックな風味のにんじんラペは、シャキシャキした食感と、ときおり口の中で混ざりあうやわらかいレーズンが新鮮。

🥄 豆知識
カレーの箸休め用に「日本の食材を使ったおつまみを作りたい」と発案されたメニュー。淡白な味の米なすにあわせるスパイスは、甘い香りが特徴のスターアニスなど。ほど良く酸味を効かせたラペは、最後までカレーを飽きずに食べられるようにとの、店主の配慮。

Part 3
世界の
スパイスカレー
の作り方

カレーとは、野菜や肉、豆を複数のスパイスで煮込んだ料理です。食べてみると複雑な味で、「作るのは難しそう」と思いがちですが、スパイスの種類、使い方のルールさえ守れば意外と簡単に作ることができます。ここでは日本で人気の『新宿中村屋・純印度式カリー』からあまり知られていない外国のカレーまで、プロセスの写真も交えてご紹介します。ぜひ、おもてなしにも喜ばれる世界のカレー作りにチャレンジしてみてください。

recipe 01

インド

玉ねぎを中〜弱火でじっくり炒める。

鶏肉の表面が白っぽくなるまで炒める。

カレー粉を入れ、焦がさないように混ぜる。

Part 3 世界のスパイスカレーの作り方

 India
純印度式カリー　SHOP 新宿中村屋

小麦粉を使わずブイヨンとヨーグルト、炒め玉ねぎでとろみを出す本格的なインドカリー。

材料（4〜5人分）

玉ねぎ　中2個	
骨付き鶏もも肉（ぶつ切り）	750g
カレー粉　大さじ5	
ヨーグルト　150g	
チキンブイヨン　625mℓ	
ローリエ　5枚	
天然塩　小さじ1	
バター　大さじ1	
じゃがいも　2個	
ガラムマサラ　小さじ1	

作り方

1. 鍋に玉ねぎを入れ、茶色くなるまで炒める　point 1 。
2. 骨付き鶏肉を入れ、炒め玉ねぎを絡めるようにし、肉の表面が白っぽくなるまで炒める　point 2 。
3. 鶏肉の上にカレー粉を加え、焦げないように混ぜあわせる　point 3 。
4. よく攪拌したヨーグルトを加え、混ぜあわせる　point 4 。
5. チキンブイヨンを3回に分けて入れ、全体を混ぜあわせる　point 5 。
6. ローリエを加え、一煮立ちしたら弱火にして30分程度煮込む。
7. フライパンにバターを溶かし、じゃがいもの表面に焼き色がつくまで炒め、鍋に入れる。
8. 塩を加えてからガラムマサラを加え3〜4分煮る。
9. 火を止め、蓋をして蒸らしながら1時間ほど寝かせる　point 6 。

よく攪拌したヨーグルトを加える。

混ぜながらチキンブイヨンを入れる。

できあがったら蓋をして1時間ほど置く。

recipe 02

パキスタン

ピンディーカレー　オクラのドライカレー

🇵🇰 Pakistan

ヒンドゥ教のベジタリアン料理として人気の、パキスタンではポピュラーなメニュー。サッパリしていますがスパイシーな一品です。

材料 (2人分)

オクラ	100g (8～10本)
サラダ油	大さじ1
マスタード	小さじ1/6
玉ねぎ	1/2個 (薄切り)
トマト	1/2個 (粗みじん切り)
しょうが (おろす)	小さじ1
カイエンヌペパー	小さじ1/4
ターメリック	小さじ1/4
塩	小さじ1/2

作り方

1. オクラは少量の塩（分量外）をふって表面をきれいにし、水洗いをしたあとヘタを切り落とし、縦半分に切る **point 1**。

2. フライパンにサラダ油とマスタードを入れて中火にかける。パチパチする音がしなくなったら **point 2**、玉ねぎを加えてしんなりするまで炒める。

3. 2に1とトマト、しょうが、カイエンヌペパー、ターメリック、塩を入れて混ぜあわせる。

4. 中火から弱火にし、オクラに火が通るまで炒め煮にする。水分が飛んだら **point 3**、皿に盛り付ける。

オクラは表面にチクチクする毛のようなものがあるので、落としてから縦半分に切る。

マスタードを火にかけるとパチパチ跳ねるが、音がしなくなるのが次のステップにいく目安。

水分がなくなるまで弱火で炒める。そうすることで野菜のうまみが凝縮される。

recipe 03

ネパール

Nepal

アル・ベンタ・タルカリ
じゃがいもとなすのドライカレー

タルカリとは、ネパールで野菜のおかず、という意味。
一見カレーには見えませんが、しっかりとパンチの効いたカレー味の一皿です。

材料 (2人分)

サラダ油	大さじ2
玉ねぎ	1/4個(みじん切り)
にんにく	小さじ2(すりおろす)
しょうが	小さじ1(すりおろす)
じゃがいも	2個(皮をむいて拍子切り)
水	200mℓ
なす	2本(ヘタをとり拍子切り)
トマト	1/2個(みじん切り)
青唐辛子	2本(小口切り)
塩	少々

A
- クミン(パウダー) 小さじ1/2
- コリアンダー 小さじ1/2
- ターメリック 小さじ1
- カイエンヌペパー 小さじ1/3

レモン汁 小さじ1

作り方

1. 鍋にサラダ油と玉ねぎを入れて中火にかけ、玉ねぎがしんなりしてきたらにんにく、しょうがを加えてさらに炒める。

2. 1にじゃがいも point 1 を入れてサッと炒め、水も加えてじゃがいもに火を通す point 2 。

3. 2になす、トマト、青唐辛子を入れて混ぜ、Aを加えてさらに炒める point 3 。

4. なすに火が通り、水分が飛んだらレモン汁と塩で味をととのえる。

point 1
じゃがいもはなすより少し小さく、同じ形に切るとくずれにくい。

point 2
先にじゃがいもに火を通す。鍋には蓋をして加熱すると良い。

point 3
じゃがいもに火が通ったら他の食材を加えてあわせ、炒め煮にする。

recipe 04

スリランカ

Part 3 世界のスパイスカレーの作り方

 Sri Lanka
パリップ 豆のカレー

パリップ（スリランカではレンズ豆のこと）をたっぷり使って作る豆のカレー。
作ってからすぐでもおいしいですが、2日ほど置くと濃厚さを増します。

材料（4人分）

レンズ豆　200g

A
- 玉ねぎ　1/6個（みじん切り）
- にんにく　1かけ（すりおろす）
- ターメリック　小さじ1/2
- カレー粉　小さじ1/2
- シナモンスティック　1本
- 塩　小さじ1/2

ココナッツミルク　100ml
水　100ml

作り方

1. レンズ豆は水できれいに洗う。

2. 鍋に1とAの材料を入れ point 1 、ひたひたの水を加える point 2 。

3. 2をよく混ぜてから中火にかけ、水分が飛ぶまで煮る。

4. 3にココナッツミルクと水を入れ、沸騰寸前まで加熱をして point 3 、塩（分量外）で味をととのえる。

point 1
洗ったレンズ豆とAのスパイスを鍋に入れる。

point 2
材料が漬かるくらいのひたひた加減で水を加えて中火にかける。

point 3
ココナッツミルクを入れてから沸騰寸前まで加熱するのがポイント。

recipe 05

インドネシア

146

Part 3 世界のスパイスカレーの作り方

🇮🇩 Indonesia
ソトアヤム 鶏肉のカレースープ

インドネシアでは日常的に食べられている鶏肉のカレースープです。
中にはビーフンや魚のすりみなどが入ったものもあり、地元で人気のカレー。

材料 (4人分)

鶏もも肉(骨付き)	300g
水	1ℓ

A:
玉ねぎ	1/6個
しょうが	1かけ
クローブ	2粒
シナモン	1本
ターメリック	小さじ1/2
黒こしょう	小さじ1/4
塩	小さじ1

サラダ油	大さじ1
ケチャップマニス	小さじ1
塩	少々
万能ねぎ	2本(3cmに切る)
セロリの葉	適量
ライム	4切れ

作り方

1. きれいに洗った鶏肉と水を鍋に入れて中火にかける。途中、アクを取りながら鶏肉に火が通ったら取り出して冷まし、手で裂いておく。煮汁は取っておく **point 1**。

2. Aの材料はすべてミキサーにかけてペースト状にする **point 2**。

3. 鍋にサラダ油と2を入れて香りが立つまで炒める。

4. 3に1の煮汁800㎖と裂いた鶏肉を入れ **point 3**、ケチャップマニス*と塩で味をととのえる。器に注ぎ、万能ねぎとセロリの葉を入れ、ライムを添える。

  *ケチャップマニスとは、インドネシアのしょうゆで甘くトロッとしたのが特徴。日本のしょうゆに砂糖を加えて代用しても可。

たっぷりの水で鶏肉をゆでる。煮汁はあとで使うので捨てないように注意!

スパイス類はミキサーでペースト状にする。シナモンが大きい場合は砕いて入れる。

ペーストを炒めてから煮汁を入れて完成させる。

recipe 06

ベトナム

Part 3 世界のスパイスカレーの作り方

🇻🇳 Viet Nam

カームォイサーオット　魚のカレー炒め

レモングラスの香りが引き立つ、刺激的なカレー風の魚料理。
ベトナムでは淡水魚を使って作ることが多いのですが、日本ではさわらなどがあいます。

材料 (2人分)

さわら(切り身)　2切れ

A
- レモングラス　1本
- にんにく　1かけ
- 玉ねぎ　1/8個
- 赤唐辛子　2本
- 塩　小さじ1/4

サラダ油　大さじ1
パクチー　適量

作り方

1. さわらはキッチンペーパーなどで水気を取っておく。

2. Aの材料をすべてミキサーにかけてペースト状にする point 1 。

3. 1に2をまぶし point 2 、1時間ほど冷蔵庫で寝かせる。

4. フライパンにサラダ油を入れて中火にかける。3の魚をペーストごと入れて、両面を焼き、中まで火を通す point 3 。皿に盛り付け、パクチーを飾る。

point 1
スパイスなどをミキサーでペーストにするとき、刃が回りづらければ水を少々加える。

point 2
魚はスパイスに漬け込む前に、生臭さを取るために水気をよくふきとるのがポイント。

point 3
中火から弱火で焦がさないように、魚にしっかり火を通す。

recipe 07

タイ

point 1 point 2
point 3 point 4 point 5

ゲーン・キャオワン・クン

海老のグリーンカレー

🇹🇭 The Kingdom of Thailand

SHOP コカレストラン&マンゴツリーカフェ有楽町店

ハーブのさわやかな香りと刺激的な辛みが魅力的な本格的に作るタイのグリーンカレー。

材料 （ペーストは作りやすい量、カレーは2人分）

【ペースト】ここでは本格的に作っていますが、市販のグリーンカレーペーストを使用しても作れます。

- カー（しょうがで代用可）　10g
- レモングラス　20g
- ベルギーエシャロット　20g
- バイマックル（コブミカンの葉）　2枚
- クミン　小さじ1/4
- コリアンダー　小さじ1/4
- 塩　小さじ1/2
- プリッキーヌ（青唐辛子）　15本
- にんにく　20g
- パクチーの根　1株分
- カピ　10g

- サラダ油　大さじ2
- ココナッツミルク　100ml
- なす（縦に筋を入れて乱切り）　8切れ
- たけのこ水煮（いちょう切り）　8切れ
- プリック・チーファー　2本
- バイマックル（コブミカンの葉）　3枚
- 牛乳　400ml
- ココナッツシュガー　20g
- ナンプラー　30g
- 海老（背ワタ、殻を取る）　6尾
- ホラパー　3g
- 飾り用 ホラパー　適量

＊グリーンカレーは煮込まずに素材にさっと火を通す程度に仕上げるのがポイント。煮込みすぎると牛乳が分離したり、野菜から水分が出て水っぽくなってしまうので注意。

作り方

1. カーは薄切り、レモングラスは小口切り、ベルギーエシャロットはざく切り、バイマックルは茎を取り適当にちぎる。

2. クロック（臼またはフードプロセッサー）にクミン、コリアンダー、塩を入れてつぶし、さらにプリッキーヌを入れてつぶす。

3. つぶれてきたら、1のカー、レモングラス、バイマックルを入れてつぶす。先にスパイスをつぶしてから固い食材をつぶしていくとやりやすい。

4. ある程度つぶれてきたら、ベルギーエシャロット、にんにく、パクチーの根を入れてさらにつぶす　point 1 。

5. ペースト状になってきたらカピを入れ、混ぜあわせながらさらにつぶす　point 2 。

6. フライパンにサラダ油を入れて中火で熱し、ペーストを焦がさないようにじっくり炒める　point 3 。

7. 水分がなくなってきて、途中で焦げそうな場合は弱火にする。しっかり水分を飛ばすことで、辛みと香りが出てくる。

8. ココナッツミルクを入れて、油分が浮いてくるまで弱火でじっくり炒める　point 4 。

9. なす、たけのこ水煮、プリック・チーファー、バイマックルを入れたら中火にして、絡めるように炒める。

10. 牛乳、ココナッツシュガー、ナンプラーを入れて、味をととのえる。強火にすると牛乳が分離してしまうので気を付ける　point 5 。

11. 海老を入れて火が入ったら、ホラパーを加える。

12. 器に盛りつけ、飾り用のホラパーをのせる。

recipe 08

シンガポール

Part 3 世界のスパイスカレーの作り方

🇸🇬 Singapore
ラクサ　スパイシーココナッツミルク麺

ココナッツミルクの甘みと赤唐辛子の辛さが絶妙なスープ。
フォーなどに使用するライスヌードルが入ったエスニック風ラーメンです。

材料 (2人分)

海老	4尾
厚揚げ	1/2枚
ライスヌードル	100g

A
玉ねぎ	1/2個
にんにく	1かけ
しょうが	1かけ
赤唐辛子	2本
レモングラス	1本
干し海老	大さじ1
カシューナッツ	5粒
カレー粉	大さじ1

サラダ油	大さじ1
ココナッツミルク	200ml
スープ(水にコンソメを溶かしたもの)	200ml
塩、こしょう	少々
パクチー	適量

作り方

1. 海老は背に包丁を入れ、背わたを取る。厚揚げは食べやすい大きさに切る。ライスヌードル*は商品の表示通りにお湯で戻しておく　point 1　。

2. Aの材料をすべてミキサーにかけてペースト状にする　point 2　。

3. 鍋にサラダ油と2を入れて中火にかけ、香りが立ってきたら弱火にして5分ほど炒めて水分を飛ばす。

4. 3にココナッツミルク、スープ、1の海老と厚揚げを入れて加熱する。海老に火が通ったら　point 3　、塩、こしょうで味をととのえる。戻したライスヌードルとともに器に盛り、パクチーをのせる。

＊ライスヌードルはセンレックやフォー麺という名前でも販売されている。手に入らない場合はビーフンで代用可。

海老は背中を開いておくとわたを取り出しやすく、火も通りやすい。

スパイスはすべてミキサーにかけてペースト状にする。攪拌しにくい場合は水を足しても良い。

海老は煮すぎると固くなるので、サッと火を通すのがコツ。

ドライカレー

🇯🇵 Japan

明治時代に日本郵船の豪華客船で提供されていた料理が
ルーツと伝えられているドライカレーは、日本のスパイスカレーの原点といえます。

材料 (2人分)

合挽き肉	200g
水	500ml
サラダ油	大さじ2
玉ねぎ	1個(みじん切り)
にんじん	1/2本(みじん切り)
セロリ	1/2本(みじん切り)
にんにく	1かけ(すりおろす)
しょうが	1かけ(すりおろす)
トマト	1個(みじん切り)

A
コリアンダー	大さじ1
カイエンヌペパー	小さじ1/4
カレー粉	大さじ1
ガラムマサラ	大さじ1
塩	小さじ2

ゆで卵	1個
ミニトマト	4個
飾り用ハーブ	少々

作り方

1. フライパンに合挽き肉と水を入れて良く混ぜる。合挽き肉がバラバラになったら中火にかけ、かたまりができないように混ぜながら火を通す **point 1**。肉に火が通ったらザルにあけて水気をきる。

2. フライパンにサラダ油、玉ねぎ、にんじん、セロリ、にんにく、しょうがを入れて中火にかけて炒める **point 2**。

3. 野菜に火が通ったら1の合挽き肉を入れ、トマト、Aも加えて炒め煮にする **point 3**。

4. 全体がよく混ぜあわさったら塩(分量外)で味をととのえる。ごはんと一緒に盛りつけ、ゆで卵とミニトマトを添える。

point 1
合挽き肉は水からゆでて汚れを落とす。ダマにならないように混ぜながらゆでるのがコツ。

point 2
野菜はしんなりするまで炒める。水気が残るくらいで残りの材料を入れると良い。

point 3
合挽き肉とトマト、スパイスを加える。野菜の水分だけで煮込むとうまみが増す。

知っておきたい
カレーに使う調味料&食材

カレーの香りを引き立て、辛みをまろやかにしてコクとうまみを引き出す。調味料にはさまざまな役割があり、知っておくとほかの料理作りにも役立ちます。ここでは、スパイスカレーをさらにおいしくする調味料と食材をご紹介します。

ココナッツミルク
タイカレーには欠かせない香り

南国を思わせる独特な甘い香りのココナッツミルクは、エスニックなカレーには欠かせない存在。スパイスの効いた辛みの強い料理でもまろやかにし、コクとうまみも引き出す。煮込みやデザートなどさまざまな料理に。

厳選されたコクとうまみの詰まったおいしさ。ココナッツミルク 400ml/ヤマモリ株式会社

漂白剤・乳化剤・酸化防止剤などの添加物不使用。ココナッツミルク 400g/ユウキ食品株式会社

ココナッツミルクをパウダー状にしたもの。保存がきくので便利。ココナッツミルクパウダー 50g/ユウキ食品株式会社

タイカレーに欠かせない、温めるだけの本格タイ米。ジャスミンライス 170g/ヤマモリ株式会社

カタクチイワシを塩漬けにし、発酵・熟成させた魚醤の一種。ナンプラー 70g/ユウキ食品株式会社

ハーブとスパイスを使わなくてもできる。シンガポールラクサの素 125g/ユウキ食品株式会社

生臭さが少なく、うまみがしっかりと効いた上質な味。ナンプラー 150ml/ヤマモリ株式会社

タマリンド

エスニック料理のアクセントにそのまま使える便利なペースト状。タマリンドペースト 227g／ユウキ食品株式会社

さわやかな酸味がカレーを引き立てる

アフリカの熱帯地方が原産のタマリンドは、サヤに入った豆のような姿の果物。果肉は酸味が強く、ジュースに加工したり、調味料として使用されることが多い。南インドの酸味があるカレーには欠かせないフルーツ。

辛み付けや料理のアクセントにぴったり。青唐がらしカット(酢漬)110g／ユウキ食品株式会社

エスニックのカレーペースト作りに重宝。レモングラスペースト 110g／ユウキ食品株式会社

東南アジアのカレーやカレー風味のスープと一緒に食べることが多い米粉のビーフン。台湾産新竹ビーフン80g／ユウキ食品株式会社

別名コブミカンの葉、バイマックル。エスニックフード ライムリーフ 3g／ユウキ食品株式会社

レンズ豆。薄くやわらかいので下ゆでが不要。カレーやスープはもちろん、サラダにも。

トゥールダール。キマメの皮を取り除き、挽き割りにしたもの。豆カレーなどに使用する。

海老を塩漬けにし、発酵させたカビ。強烈な臭いがするが、タイ料理には欠かせない調味料。

カレーのための
スパイス&ハーブ図鑑

日本語でスパイスは「香辛料」と訳され、辛いものを連想しがちですが、パプリカやシナモンのように辛くないものも多くあります。風味をつけたり、色をつけたりするものや、中には消化作用やアンチエイジングに役立つスパイスもあります。ここでは、主にカレーに使用するとおいしくなる、スパイス&ハーブをご紹介します。

spice & herb 01　アニス （ホール）
Anise

個性的な甘い香りが特徴の、世界でもっとも歴史の古いスパイスのひとつ。古代エジプト人が利用し、中世にはヨーロッパを中心に広がり、栽培されるようになった。スパイスの中では、料理というより酒の風味付けや菓子などの香り付けに使用されることが多い。古代ローマ人は食事の後に、消化を助けるためにアニスを使用したケーキを食べていたといわれている。

学　名	Pimpinella anisum
和　名	アニス
別　名	ういきん、アニスシード
科　名	セリ科
原産地	地中海東部沿岸、エジプト
主な利用部位	種子（植物学上では果実にあたる）

spice & herb 02　オールスパイス （ホール、パウダー）
Allspice

シナモン、クローブ、ナツメグをミックスしたような、深みのある香りを持っているためオールスパイスという名前がついたといわれている。スパイスの中では歴史が浅く、西欧へわたってきたのは16世紀後半以降。ジャマイカでこのスパイスを見つけたスペイン人が、見た目がペッパーに似ていることから「ピミエンタ」と名付け、今でもジャマイカではピメントと呼ばれている。

学　名	Pimenta dioica
和　名	百味（ひゃくみ）こしょう
別　名	ジャマイカンペパー、三香子（さんこうし）
科　名	フトモモ科
原産地	西インド諸島
主な利用部位	果実

スパイスを上手に使うために知っておきたいこと

スパイスには種や根など原形のまま使用する「ホール」タイプと、挽いて粉末状にした「パウダー」タイプがあります。

その使い分けは料理によって違いますが、この本で紹介している北インドカレーでは、ホールスパイスは最初に油で熱して香りを引き出し、パウダースパイスは食材を炒めてから加える使い方。南インドカレーでは、食材とパウダースパイスを炒めてから最後に、ホールスパイスを油で熱して香りを出して仕上げに加える使い方をしています。その他の国では、ホールとパウダーを一緒にペースト状にして使用したりと、その方法はさまざまですが、どれも油と一緒に加熱して香りを移す、テンパリングという方法。マスタードのような小さなホールスパイスは入れることで食感のアクセントにもなります。スパイスは、カレーらしい色をつけ、辛みのほかにも苦みや甘みもつけますが、使用する素材の味やうまみを引き出すのもスパイスの役割です。

spice&herb 03 オレガノ（ホール）
Oregano

清涼感のある香りとほのかな刺激で、ピザなどのイタリア料理に欠かせないハーブ。トマトやチーズとも相性が良く、地中海地方の料理にもしばしば登場する。シソ科の中でもっとも香りが強い多年草で、開花時に先端のやわらかい部分を刈り取り、乾燥させる。歴史は古く、古代ギリシャやエジプトでは肉や魚、ワインの香り付けとしてよく知られていたという。

学　名	*Origanum vulgare*
和　名	花薄荷（はなはっか）
別　名	ワイルドマジョラム、オリガナム
科　名	シソ科
原産地	地中海沿岸
主な利用部位	葉

spice&herb 04 カイエンヌペパー（パウダー）
Cayenne pepper

中南米に起源を持つ唐辛子で、最初に発見された南米のフランス領・ギアナの「カイエン」という街の名前から命名された。カイエン種と呼ばれる唐辛子は、赤く細長いもので、強い辛みを持っている。主にカレーや料理の辛みとして使用されているが、代替医療の分野でも活躍。血行促進や心臓強化、体内のクレンジングやデトックス効果なども期待できるという。

学　名	*Capsicum annuum*
和　名	鷹の爪
別　名	レッドチリ
科　名	ナス科
原産地	ギアナ
主な利用部位	果実

spice & herb 05 花椒 (ホール、パウダー)
Chinese pepper

　さわやかな香りと舌がしびれるような刺激的な辛みが特徴の花椒は、日本で親しまれている山椒の仲間。古くから中国料理に多用されていて、特に辛みが特徴の四川料理には欠かせないスパイス。代表的な麻婆豆腐や担担麺などに使われている。ひとつの果柄に2～3粒の実がなり、熟すと赤みがかった果皮がはじけて花のように見えることから、花椒と呼ばれるようになったという。

学　名	Zannthoxylum bungeanum
和　名	花椒(かしょう)
別　名	チャイニーズペッパー、中国山椒、セシュアンペッパー
科　名	ミカン科　　原産地：中国
主な利用部位	果皮

spice & herb 06 ガーリック (ホール、粗挽き)
Garlic

　強烈な香りのガーリックは、世界中の料理に欠かせないスパイス。生で使うことが多く、スライスやみじん切り、すりおろしなど、使用する形態はさまざま。肉や魚の臭み消しに使用されることも多く、古くから炒め物、グリル、煮込み料理など幅広い料理で活躍している。西欧では、ガーリックトーストなどには手軽に利用できるパウダーや粗挽きなどもよく使用されている。

学　名	Allium sativum
和　名	にんにく
別　名	オオヒル
科　名	ユリ科
原産地	中央アジア
主な利用部位	鱗茎

spice & herb 07 ガラムマサラ (ミックス)
Garam masala

　インドを代表するミックススパイス。ヒンディ語でマサラは混合、ガラムは熱い、という意味。数あるマサラの中でも特に体を温める働きのあるのが、このガラムマサラだ。カレーの仕上げに、また煮込み料理や炒め物などに加えて、辛みと風味を高めるのに使用する。インドでは家庭によりスパイスの配合が違うので、このガラムマサラが家庭の味を左右するらしい。

配合する主な材料
- ●カルダモン　●シナモン　●クミン
- ●クローブ　●黒こしょう
- ●コリアンダー　●ナツメグ

spice & herb 08 カルダモン (ホール、パウダー)
Cardamom

　「香りの王様」と呼ばれているカルダモンは、エキゾチックで清涼感のある芳香、ピリッとした辛みとほろ苦さを持っているスパイス。特に北欧、インド、中東、エジプトなどで多用。肉料理や魚料理はもちろん、ソースやドレッシングにも使用。特にカレーには欠かせないスパイスだ。サウジアラビアでは、さやや種子を煮出したカルダモンコーヒーが一般的に飲まれている。

学　名	Elettaria cardamomum
和　名	小豆く(しょうずく)
別　名	イライチー
科　名	ショウガ科
原産地	インド
主な利用部位	果実

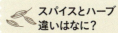

カレーのためのスパイス&ハーブ図鑑

スパイスとハーブ 違いはなに？

植物の葉や花などをハーブと呼び、樹皮や種、実、根などをスパイスと呼ぶことが多いのですが、正確には区別されていません。フレッシュハーブは冷蔵保存が必要ですが、ドライハーブはスパイスのように瓶詰にされ、スパイス売り場で販売されています。

---

spice & herb 09 カレー粉 （ミックススパイス）
Curry powder

インドを植民地としていたイギリス人が、ガラムマサラを持ち帰り、研究して作ったのがカレー粉。その後世界中に広がり、ミックススパイスを使ったカレーが世界で食べられるようになった。カレー粉の香り付けは主にクミンで、辛みは唐辛子、色はターメリックで、約20〜30種類ほどのスパイスが混合されているが、その内容はメーカーの企業秘密となっている。

配合する主な材料
- クミン
- ターメリック
- コリアンダー
- 黒こしょう
- カルダモン
- 唐辛子
- シナモン
- フェンネル

---

spice & herb 10 カレーリーフ （ホール）
Curry leaf

カレーのスパイシーさとフルーティーな柑橘系の香りが特徴のハーブ。主にインドやスリランカで料理の香り付けに使用。南インドでは、他のスパイスと油で炒めてカレーの仕上げの香り付けや、ケララチキン(P34)やパリップ(P50)の味付けにも利用。カレーリーフの木は成長すると高さ4〜6m、幹は直径40cmほどにもなるので、インドでは生垣にも利用されている。

学　名	*Murraya koenigii*
和　名	ナンショウザンショウ
別　名	カリーパッタ、カリパタ、カラピンチャ
科　名	ミカン科
原産地	スリランカ、インド
主な利用部位	葉

---

spice & herb 11 キャラウェイ （ホール）
Caraway

さわやかさとほんのり甘い香りが特徴のスパイス。ほろ苦さも持ち、古代ギリシャではキャラウェイ入りのパンが作られていたという。使用頻度は肉や魚より、野菜や果物、チーズや酒、パンやお菓子に使われることが多く、ドイツの代表的な料理「ザワークラウト」には欠かせないもの。北欧や東欧では「アクアビット」や「キュンメル」という蒸留酒の香り付けにも使用。

学　名	*Carum carvi*	
和　名	姫ういきょう	
別　名	キュンメル、カルワイ、キャラウェイシード	
科　名	セリ科	原産地：西アジア
主な利用部位	種子（植物学上では果実にあたる）	

> **スパイスは料理だけじゃなく ほかにも役立つ？**
>
> スパイスやハーブは、その香りで臭い消しや、虫よけなどにも利用できます。たとえばクローブは甘い香りが強く、古くから口臭予防に使われています。また、ゴキブリが嫌う臭いなので、キッチンの隅にでも置いておくと良いでしょう。

---

spice& herb 12　クミン（ホール、パウダー）
Cumin

「カレーの匂い」の中心となるものがこのクミン。中世で使用されていたもっとも古い歴史を持つスパイスのひとつだが、メキシコ料理や東南アジアの料理に使われることが多く、エスニックには欠かせないものとなった。インド料理でもカレー粉やガラムマサラなど、カレーに使用するミックススパイスに使用。カレーにとってはなくてはならない存在だ。

学　名	Cumminum cyminum
和　名	馬芹（うまぜり）
別　名	ジーラ、クミンシード
科　名	セリ科
原産地	エジプト
主な利用部位	種子（植物学上では果実にあたる）

---

spice& herb 13　クローブ（ホール、パウダー）
Clove

バニラにも似た、甘く濃厚な香りと刺激的な風味を持つスパイス。少しでも開花してしまうとその香りが極端に弱くなるため、開花直前のつぼみを摘み取り、乾燥させる。肉の臭み消しに効果的で、ビーフシチューやカレーなどによく使われる。ただ、香りが強いので使いすぎには注意。口に入れるとしびれる感じがするので、食べるときには、あらかじめ取り除いた方が良い。

学　名	Syzygium aromaticum
和　名	丁子（ちょうじ）
別　名	丁香、ひゃくりこう、けいぜつこう
科　名	フトモモ科
原産地	モルッカ諸島（インドネシア）
主な利用部位	つぼみ

---

spice& herb 14　五香粉（ウーシャンフェン）（ミックス）
Chinese five spices

中国の代表的なミックススパイス。中華料理はもちろん、ベトナムやインドシナ地域でもよく使われている5つのスパイスをあわせたもの。使用するものは決まっているわけではないが、スターアニスやシナモン、クローブなどの甘い香りは欠かせない。肉料理や揚げ物などの下味や、炒め物、マリネ液など用途は多い。しょうゆと砂糖に五香粉を入れて煮詰めた中華だれもポピュラー。

配合する主な材料

- 花椒
- クローブ
- シナモン
- スターアニス
- チンピ
- フェンネル

spice & herb 15 コリアンダー （パウダー）
Coriander

クセのある強い匂いを持つハーブ、パクチーの種子。葉とは違い、甘くまろやかで柑橘系の香りがするが、かすかに辛みも持っている。クセは少なく、肉料理やソーセージ、シチュー、ピクルスなどの隠し味にも活用。香りが甘めなので、クッキーやカステラなどの焼き菓子にも使われるほか、ミックススパイスのカレー粉やガラムマサラにも欠かせないスパイス。

学　名	: *Coriandrum sativum*
和　名	: コエンドロ
別　名	: シラントロ、コリアンダーシード
科　名	: セリ科
原産地	: 地中海沿岸
主な利用部位	: 種子(植物学上では果実にあたる)

spice & herb 16 シナモン （ホール、パウダー）
Cinnamon

ほのかな甘みと独特な香り、そしてわずかに舌に残る辛みを持つシナモン。紀元前2000年以上前に、エジプトからシナモンを求めて航海に出たという記録もある、世界でもっとも古くから使われているスパイス。品種には薄い皮が幾重にも重なった形状の柑橘のようなさわやかな香りが強いセイロンと、肉厚な樹皮でより甘く濃厚な香りのカシアがある。

学　名	: *Cinnamomum zeylanicum*
和　名	: 肉桂(にっけい)
別　名	: 桂皮(けいひ)、ニッキ
科　名	: クスノキ科
原産地	: ベトナム
主な利用部位	: 樹皮

spice & herb 17 ジンジャー （ホール、パウダー）
Ginger

3000年も前から熱帯で栽培されてきたという、さわやかな香りと辛みを持つジンジャー。日本では主に生で使われることが多く、スライスやみじん切り、すりおろしなど料理の用途にあわせて利用する。西欧では料理よりも甘いものとの組みあわせが多く、クリスマスなどで食べられるジンジャークッキーや、ドリンクとしてもポピュラーなジンジャーエールなどが代表的。

学　名	: *Zingiber officinale*
和　名	: 生姜(しょうが)
別　名	: 生薑(しょうきょう)、はじかみ、かんきょう
科　名	: ショウガ科　原産地：熱帯アジア
主な利用部位	: 根茎

spice & herb 18 スターアニス （ホール）
Star anise

八角という別名がある通り、8つの突起を持つ星形をしたスパイス。独特な強くて甘い香りを持ち、豚肉料理や鴨料理などの香り付けに、中国料理では古くから使われてきた。また、甘い香りを活かし、中華系のスイーツや冷たいデザートにも用いられる。香りの成分はアニスシードやフェンネルの主成分と同じ「アネトール」。五香粉の原料としても使われている。

学　名	: *Illicium verum*
和　名	: 唐樒(とうしきみ)
別　名	: 八角、だいういきょう、八角ういきょう、チャイニーズスターアニス
科　名	: シキミ科　原産地：中国
主な利用部位	: 果実

spice & herb 19 タイム （ホール、パウダー）
Thyme

さわやかな香りとほろ苦さ、辛みが特徴のタイムは「魚のハーブ」と呼ばれるほど、魚の生臭さを消すスパイス。タイムには殺菌、防腐作用を持つ「チモール」という芳香成分も含まれており、魚のムニエルや煮込み料理、クラムチャウダーなどには欠かせない。また肉とも相性が良く、鶏肉のクリーム煮やソテーにも重宝する。香味が強いので、使用量を控えめにすることがポイント。

学　名	Thymus vulgaris
和　名	立麝香草（たちじゃこうそう）
別　名	木立百里香（きだちひゃくりこう）、コモンタイム
科　名	シソ科　　原産地：南ヨーロッパ
主な利用部位	葉、花穂

spice & herb 20 ターメリック （パウダー）
Turmeric

黄色の色付けに活躍するターメリックは、少し土臭さを感じさせる独特の香りで、ほろ苦さもあり、カレーには欠かせない存在。沖縄ではうっちんと呼び、お茶として利用することも多く、健康維持に役立つことから、健康飲料水の原料としてもよく見かける。炒め物や煮物など、さまざまな料理に使われる。加熱することで独特の香りが弱まり、料理の味に厚みを与える。

学　名	Curcuma longa
和　名	ウコン
別　名	秋ウコン、インディアンサフラン
科　名	ショウガ科
原産地	熱帯アジア
主な利用部位	根茎

spice & herb 21 タラゴン （ホール）
Tarragon

アニスに似た甘い芳香が独特で、さわやかな風味も持つハーブ。卵、鶏肉、白身魚、乳製品、酢などと相性が良く、オムレツやムニエル、ピクルスなどに使用される。また、フランス料理ではもっともよく使われ、特にエスカルゴには欠かせないハーブ。シーフードカレーやカレー風味の炒め物、グリルなどでも活躍。また、ビネガーやバターソースなどにも使用する。

学　名	Artemisia dracunculus
和　名	タラゴン
別　名	エストラゴン
科　名	キク科
原産地	ロシア南部、西アジア
主な利用部位	葉

spice & herb 22 チリパウダー （ミックス）
Chilli powder

チリビーンズやチリコンカンを作るときに欠かせないミックススパイス。唐辛子とパプリカをベースに配合するが、組みあわせはさまざま。もとは中南米料理で使用していたものを、アメリカ人が商品化して広く知られるようになった。スパイシーな風味と辛みは独特で肉や豆によくあう。唐辛子を粉末にした辛みの強いチリペパーとは違うので注意が必要。

配合する主な材料

- ●唐辛子　●パプリカ　●オレガノ
- ●クミン　●ガーリック　●塩

スパイスの保存はどうすれば長持ちする?

スパイスは湿気に弱いので、密閉容器に入れて直射日光を避け、温度変化の少ない涼しい場所で保管します。使用するときも湯気の立った鍋に直接ふりかけるなどは禁物。面倒でも小皿やスプーンなどに使用する量だけ出すのが長持ちさせる秘訣です。

---

spice & herb 23 チリペパー （ホール、粗びき、パウダー）
Chilli pepper

口の中が熱くなるような強い辛みが特徴。ヨーロッパでは比較的新しいスパイスだが、原産地でもある中南米では9000年も前から栽培されていたといわれる。コロンブスがアメリカ大陸を発見後、ヨーロッパに持ち帰ったことで世界中に広がり、料理に辛みを添えるようになった。インドのカレーもチリペパーの出現以前は、それほど辛いものはなかったという。

学　名	: Capsicum annuum
和　名	: 鷹の爪
別　名	: レッドペパー、カイエンヌペパー、南蛮、ばんしょう
科　名	: ナス科　　原産地 : 熱帯アメリカ
主な利用部位	: 果実

---

spice & herb 24 ナツメグ （パウダー）
Nutmeg

ヨーロッパでは古くから愛されている、甘く、スパイシーで刺激的な香りのあるスパイス。まろやかなほろ苦さも持ち、肉の臭みを消す効果が高いので、ハンバーグやミートローフ、ミートソースなどの挽き肉料理には欠かせない。また、乳製品を使用した料理に加えると臭みをやわらげ、風味に深みが増す。ただ、香りは強いので、入れすぎには注意。

学　名	: Myristica fragrans
和　名	: 肉豆く（にくずく）
別　名	: ナツメグ、ノワ・ドゥ・ミュスカドゥ
科　名	: ニクズク科
原産地	: モルッカ諸島（インドネシア）
主な利用部位	: 種子の仁

---

spice & herb 25 パプリカ （パウダー）
Paprika

鮮やかな赤色と甘い香りのするパプリカは、見た目はチリペパーに似ているが辛みはない。肉を使った煮込み料理や米、野菜の料理に多く使用。香り付けはもちろん、赤く発色するため料理の彩りとしても重宝、カレーの色付けにも使用する。特にハンガリーで愛されており、パプリカをたっぷり使った牛肉の煮込み料理、ハンガリアングーラッシュは有名。

学　名	: Capsicum annuum
和　名	: 甘唐辛子
別　名	: ハンガリアンペパー、スパニッシュペパー、ピメントン
科　名	: ナス科　　原産地 : 熱帯アメリカ
主な利用部位	: 果実

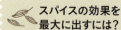

スパイスの効果を最大に出すには?

どのスパイスでも使う前に乾煎り(油などを使わない)をすると香りが豊になります。カレーの場合は、最初に炒めるか、最後に入れるか作り方にもよりますが、油でスパイスを炒めで使用することが多く、唐辛子など辛みの強いものはさらに増します。

spice & herb 26 フェンネル （ホール、パウダー）
Fennel

アニスと同じ香りの成分「アネトール」を持つため、個性的な甘くピリッとした風味を持つフェンネル。特に魚との相性が良く、魚のスープやムニエル、ソースなどに使用。「魚のハーブ」とも呼ばれている。パウダーは五香粉やカレー粉などのミックススパイスの原料にも使われ、ホールはプチプチした食感を活かして、パンや焼き菓子にも利用する。

学　名	: *Foeniculum vulgare*
和　名	: ういきょう
別　名	: しょうういきょう、フェンネルシード、ソーンフ
科　名	: セリ科　　原産地 : 地中海沿岸
主な利用部位	: 種子(植物学上では果実にあたる)

spice & herb 27 ブラックペパー （ホール、パウダー）
Black pepper

熟成したこしょうの実を果皮ごと乾燥させたもの。野性的でさわやかな香りと、ピリッとした強い辛みが刺激的なスパイス。肉料理をはじめとするほとんどの西洋料理に使用。特に牛肉や青魚、乳製品などの臭いの強い食材や、味の濃いものにあう。また、じゃがいもや卵料理などの淡白な味わいの料理には、アクセントとして利用することで、おいしさを引き立てる。

学　名	: *piper nigrum*
和　名	: 黒こしょう
別　名	: ペッパー、こしょう
科　名	: コショウ科
原産地	: インド
主な利用部位	: 果実

spice & herb 28 ホワイトペパー （ホール、パウダー）
White pepper

摘み取ったこしょうの実を水に浸して果皮を取り除き、核の部分だけを乾燥させたもの。おだやかな香りで料理の風味と色を損なわずに辛みをつけることができるので、色の淡い料理、クリームシチューやホワイトソースなどに使用。また、魚のムニエルなど、素材そのものの風味を活かし、辛みをつけたい料理にも重宝。食べる直前にふりかけると刺激になり食欲も増す。

学　名	: *piper nigrum*
和　名	: 白こしょう
別　名	: ペッパー、こしょう
科　名	: コショウ科
原産地	: インド
主な利用部位	: 果実

spice & herb 29 マスタード（ホール、パウダー）
Mustard seed

マスタードの代表的なものは、イエロー、オリエンタル、ブラウンがあり、パウダーは水で分解されて辛み成分を出すのが一般的。ホールは風味や香りを出すために油で加熱して使用することが多い（この本ではマスタードシードのみ使用）。インド料理では香り付けのため、主に調理の最初に使うスパイス。日本や中国では辛さが求められるマスタードだが、西欧やインドでは風味が重視されている。

学　名	: Brassica juncea, sinapis alba
和　名	: からし
別　名	: マスタードシード
科　名	: アブラナ科
原産地	: 地中海沿岸、インド、中国、ヨーロッパ、中近東
主な利用部位	: 種子

spice & herb 30 メース（ホール、パウダー）
Mace

ナツメグの種子の周りの、網目状の赤い膜を乾燥させたもの。ヨーロッパでは古くから珍重されてきたスパイス。ナツメグと同様に甘く刺激性のある香りと、まろやかなほろ苦さを持っているが、ナツメグよりメースの方が繊細で上品な風味。ナツメグと同じように料理にも使えるが、その甘い香りを活かし、菓子類やジャム、デザート、ドリンクやスープなどにも多く使用される。

学　名	: Myristica fragrans
和　名	: 肉豆く花（にくずくか）
別　名	: にくずくか
科　名	: ニクズク科
原産地	: モルッカ諸島（インドネシア）
主な利用部位	: 仮種皮

spice & herb 31 レモングラス（ホール、葉）
Lemongrass

レモンによく似た香りを持つハーブ。生の状態ではハーブティーやエスニック料理に使用される。ドライの葉は、主にスープや煮込み料理の香り付けにしたり、細かく刻んで魚や肉にまぶして臭みを取るなど活用方法はさまざま。代表的な料理はタイのスープ、トムヤムクンやサラダのソムタムなど。また、東南アジアではカレーに加えることも多い。

学　名	: Cymbopogon citratus
和　名	: れもん草
別　名	: レモンガヤ、コウスイガヤ、セーラ、タクライ
科　名	: イネ科　原産地：インド、熱帯アジア
主な利用部位	: 葉、茎

spice & herb 32 ローリエ（ホール、パウダー）
Laurier

ギリシャ神話にも登場し、古代ローマのオリンピックでは勝者の冠としても使用されていた月桂樹。カレーやシチューなどの煮込み料理や、肉のロースト、ピクルス、マリネなどに幅広く活用。素材の臭みを和らげ、上品な香りに仕上がる。葉を乾燥させて利用するのが一般的だが、生のままでも使用は可能。ただ、香りは強いが青臭さがあり苦みも出やすいので注意。

学　名	: Laurus nobilis
和　名	: 月桂樹
別　名	: ローレル、ベイリーブス、ベイリーフ
科　名	: クスノキ科
原産地	: 西アジア、ヨーロッパ南部
主な利用部位	: 葉

カレーのための
フレッシュハーブ&フルーツ図鑑

トッピングはもちろんですが、アジアのカレーには多くのフレッシュハーブが使われています。ここではカレーに使用されるフレッシュハーブ&フルーツを紹介します。

herb&fruit 01 青唐辛子 Green pepper

赤くなる前に収穫した唐辛子を指すが、青唐辛子と呼ばれるものにはたくさんの品種があり、辛くないものもある。赤唐辛子は加熱すると辛さが倍増するのに対し、青唐辛子は加熱すると辛さが和らぎ、ほんのりと甘みを感じるようになる。刺激的な辛さを求めるなら、生のまま小口切りやみじん切りにして料理に混ぜると良い。

学 名	: Capsicum annuum		
和 名	: 青唐辛子		
別 名	: プリッキーヌ		
科 名	: ナス科	原産地	: 中南米
主な利用部位	: 果実		

herb&fruit 02 バイマックル Bai-makruut

東南アジアの料理に欠かせないさわやかな香りのハーブ。日本名の由来にもなっているように、こぶがあるようなゴツゴツしたみかんの木に生る葉で、二枚の葉が重なっているように見える。みかん自体も香り付けなどに使用されるが、カレーには主に葉を使用。煮てもやわらかくならないので、ローリエと同じく風味付けのみ。

学 名	: Citrus hystrix		
和 名	: コブミカンの葉		
別 名	: スワンギ、プルット、カフィアライム		
科 名	: ミカン科	原産地	: 南アジア
主な利用部位	: 葉		

herb&fruit 03 タイム Thyme

小さな葉に独特の清々しい芳香を持つハーブ。特に魚と相性が良く、ムニエルなどの香り付けに効果的。また、鶏肉の煮込み料理にもあい、火を止めてから最後に加えると上品な風味になる。殺菌作用を持つ「チモール」という芳香成分が含まれているので、煮出したハーブティーを冷まし、うがい液として利用するのもあり。

学 名	: Thymus vulgaris		
和 名	: 立麝香草(たちじゃこうそう)		
別 名	: 木立百里香(きだちひゃくりこう)、コモンタイム		
科 名	: シソ科	原産地	: 南ヨーロッパ
主な利用部位	: 葉、花穂		

herb&fruit 04 ディル Dill weed

甘みのあるさわやかな香りのハーブ。サーモンと相性が良く、ムニエルやスモークサーモンの付けあわせにも利用する。ヨーグルトやクリームチーズ、マヨネーズ、卵ともあい、ポテトサラダやマカロニサラダなどに入れると味や風味がワンランクアップする。また、タイではディルをたっぷり入れたカレー(P68)もある。

学 名	: Anethum graveolens		
和 名	: イノンド		
別 名	: ディルウィード、アネット、パクチーラオ、じいら		
科 名	: セリ科	原産地	: 南ヨーロッパ、西アジア
主な利用部位	: 葉		

herb& fruit 05 コリアンダー
Coriander leaf

アジアを中心に南米、中近東などの料理のトッピングや薬味として使用されているハーブ。強烈な臭気とも表現される芳香を持っているため好みが分かれるが、近年ではコリアンダーそのものを食べるようになり、サラダや炒め物などが人気。食べるのは葉が中心だが、根は香りが強いため、スープの香り付けに使用。

学　名	*Coriandrum sativum*
和　名	コエンドロ、カメムシソウ
別　名	シラントロ、香草、パクチー
科　名	セリ科　　原産地：地中海沿岸
主な利用部位：葉、茎	

herb& fruit 06 ミント
Peppermint

すーっとした清涼感のある香りが眠気覚ましやリフレッシュなどに活用できるハーブ。カクテルやドリンク類の香り付け、デザートなどの飾りにもよく使用される。インドではなすのカレー(P31)に入れたり、シークカバブーによく添えられるソース「グリーンチャトニー」にもミントが使われている。

学　名	*Mentha piperita*
和　名	西洋はっか
別　名	ハッカ
科　名	シソ科　　原産地：地中海沿岸
主な利用部位：葉	

herb& fruit 07 ライム
Lime

レモンに似た果実だが、皮は緑色で果肉も緑がかっている。味はレモン同様に酸っぱいが、ライムは独特の苦味に似た風味があり、エスニック料理に花を添える存在。特にタイ料理には欠かせなく、パッタイ(焼そば)やトムヤムクンはもちろん、グリーンカレーなどにもひと搾りすれば本格的な味になる。

学　名	*Magnoliophyta*
和　名	ライム
別　名	キーライム
科　名	ミカン科　　原産地：熱帯地区
主な利用部位：果実	

herb& fruit 08 レモングラス（葉と茎）
Lemongrass

レモングラスは香り付けやハーブティーに使用する葉の部分と、主に料理に使用する根元の部分がある。白い根の部分はみじん切りにしたり、他のスパイスと一緒にペースト状にして調理に使う。さわやかな香りと何ともいえないエスニックな風味があり、東南アジアのカレーや炒め物には欠かせないハーブだ。

学　名	*Cymbopogon citratus*
和　名	れもん草
別　名	レモンガヤ、コウスイガヤ、セーラ、タクライ
科　名	イネ科　　原産地：インド、熱帯アジア
主な利用部位：葉、茎	

herb& fruit 09 レモン
Lemon

酸味や香りを楽しめる果実で、料理やデザートで大活躍。その酸味の主体はクエン酸なので、疲労回復にも一役買ってくれる。原産地はヒマラヤ東部だが、現在は各国で栽培され、肉料理や魚料理に絞ったり、添えたりと料理には欠かせない。カレーにもレモン汁を加えたり、レモンチャツネを添えたりする。

学　名	*Citrus limon*
和　名	くえん
別　名	シトロン
科　名	ミカン科　　原産地：インド
主な利用部位：果実	

オリジナルのミックススパイスを作ろう！

スパイスの特徴を知ったら、実際に調合してオリジナルのミックススパイスを作ってみましょう。まずは使う食材（野菜、肉、魚など）をどうするかなど、作りたいカレーをイメージします。その次は味や香りを決めてスパイス選び。ここでは、タイプ別での調合を紹介していますので、イメージに近いものを選んで試してみて下さい。

※レシピで使用するスパイスは基本パウダーですが、ホールを使用する場合はミキサーなどで粉末にします。
※すべて作りやすい分量で紹介しています。カレーに使用するミックススパイスの量はレシピにより違いますので、あくまでも目安です。

mix spice 01　ガラムマサラ

45g分（一回につき小さじ1〜2使用）

クローブ	5g
シナモン	1本5g
カルダモン	5g
フェンネル	5g
コリアンダー	5g
ブラックペパー	5g
クミン	10g
ローリエ	2枚

初めて作るミックススパイスなら、まずはオーソドックスな辛みの少ないガラムマサラから。ブラックペパーがピリッとするが、唐辛子は入っていないので、子どもや辛いものが苦手な人でも一緒に味わうことができる。

mix spice 02 野菜カレーミックス

約4人分

クミン	10g
シナモン	2g
クローブ	2粒
カルダモン	3g
コリアンダー	4g
ローリエ	1枚
ブラックペパー	2g
カイエンヌペパー	1g

野菜の味を引き立てるスパイスの組みあわせ。さっぱりとした中にも香りでうまみを引き出し、少しの辛みをカイエンヌペパーで付ける。野菜は臭みやクセが少ないので、クローブなどの香りが強いものは少量でOK。

野菜カレーミックスを使ったレシピ

材料 にんにく2かけ（みじん切り）、しょうが30g（みじん切り）、玉ねぎ4個（みじん切り）、にんじん、カリフラワー、じゃがいも、なす、など好みの野菜適量（食べやすい大きさに切る）、トマト缶1缶、塩適量、ガラムマサラ小さじ2 **作り方** 鍋にサラダ油大さじ2（分量外）、にんにく、しょうが、玉ねぎを入れて中火にかけて炒める。玉ねぎが透き通ってきたら野菜カレーミックスを加えてさらに炒める。香りが立ってきたらその他の野菜とトマト缶を加え、野菜に火が通るまで煮る。ガラムマサラを入れ、塩で味をととのえる。

mix spice 03 チキンカレーミックス

約4人分

カルダモン	5粒
クローブ	5粒
シナモン	2本
ローリエ	1枚
コリアンダー	10g
パプリカ	10g
ターメリック	2g
カイエンヌペパー	2g
ガラムマサラ	2g

カレーはもちろん、ヨーグルトをプラスすれば、タンドリーチキンやチキンテッカにも使える、鶏肉用のミックススパイス。調合するガラムマサラは辛みのある市販のものでもOK。辛さの調節はカイエンヌペパーで。

チキンカレーミックスを使ったレシピ

材料 鶏もも肉300g（食べやすい大きさに切る）、にんにく2かけ（みじん切り）、しょうが30g（みじん切り）、玉ねぎ3個（みじん切り）、じゃがいも2個（食べやすい大きさに切る）、ココナッツミルク200㎖、塩適量 **作り方** 鍋にサラダ油大さじ2（分量外）、にんにく、しょうが、玉ねぎを入れて中火にかけて炒める。玉ねぎが透き通ってきたら鶏もも肉とチキンカレーミックスを加えてさらに炒める。香りが立ってきたらじゃがいもと水600㎖（分量外）を加え、肉と野菜に火が通ったらココナッツミルクを入れ、塩で味をととのえる。

mix spice 04 ポークカレーミックス

約4人分

マスタード	2g
カルダモン	5粒
クローブ	5粒
ローリエ	2枚
コリアンダー	15g
パプリカ	10g
カイエンヌペパー	2g
ブラックペパー	2g
ターメリック	2g

マスタードの香ばしさと辛みが豚肉の味を引き立てる組みあわせ。カレーにしたときにほんのり甘く、美しい赤い色を出すためにパプリカを使用。カレー以外にもポークソテーや豚の角煮など、煮込み料理にも使える。

ポークカレーミックスを使ったレシピ

材料 豚ブロック肉300g（食べやすい大きさに切る）、にんにく2かけ（みじん切り）、しょうが30g（みじん切り）、玉ねぎ2個（みじん切り）、じゃがいも2個（食べやすい大きさに切る）、ココナッツミルク200㎖、塩適量、ガラムマサラ小さじ2
作り方 鍋にサラダ油大さじ2（分量外）、にんにく、しょうがを入れて中火にかけて炒める。玉ねぎが透き通ってきたら豚ブロック肉とポークカレーミックスを加えてさらに炒める。香りが立ってきたらじゃがいもと水600㎖（分量外）を加え、肉と野菜に火が通ったらココナッツミルクとガラムマサラを入れ、塩で味をととのえる。

mix spice 05 ビーフカレーミックス

約4人分

カルダモン	5粒
クローブ	5粒
コリアンダー	15g
パプリカ	5g
ターメリック	2g
ブラックペパー	2g
カイエンヌペパー	2g

カルダモンとクローブが多めなので、甘くさわやかな風味が牛肉のクセのある臭いを消し、うまみを引き出す調合。ブラックペパーとカイエンヌペパーでピリッと刺激的な辛みを出すが、辛みが苦手な場合は少なめに調整すると良い。

ビーフカレーミックスを使ったレシピ

材料 牛ブロック肉300g（食べやすい大きさに切る）、にんにく2かけ（みじん切り）、しょうが30g（みじん切り）、玉ねぎ2個（みじん切り）、じゃがいも2個（食べやすい大きさに切る）、トマト缶1缶、塩適量、ガラムマサラ小さじ2
作り方 鍋にサラダ油大さじ2（分量外）、にんにく、しょうがを入れて中火にかけて炒める。玉ねぎが透き通ってきたら牛ブロック肉とビーフカレーミックスを加えてさらに炒める。香りが立ってきたらじゃがいもと水400㎖（分量外）、トマト缶1缶、を加え、肉と野菜に火が通るまで煮て、ガラムマサラを入れ、塩で味をととのえる。

オリジナルのミックススパイスを作ろう!

mix spice 06 南インドカレーミックス

約4人分

ガーリック	10g
ジンジャー	10g
コリアンダー	15g
ターメリック	3g
カイエンヌペパー	2g
マスタード	2g
赤唐辛子	2本
カレーリーフ	10枚

さらさらの南インドカレーを自宅で作れるミックススパイス。ガーリックとジンジャーは生のものを使用しても良いが、ドライスパイスを調合しておけば簡単。もっと辛い物をお好みなら赤唐辛子の量を増やしても良い。

南インドカレーミックスを使ったレシピ
材料 レンズ豆100g、玉ねぎ2個(みじん切り)、塩適量、ガラムマサラ小さじ2
作り方 鍋にサラダ油大さじ2(分量外)、玉ねぎを入れて中火にかけて炒める。玉ねぎが透き通ってきたらレンズ豆と南インドカレーミックスを加えてさらに炒める。水600ml(分量外)を入れて弱火で煮る。豆がやわらかくなったら塩で味をととのえる。フライパンにサラダ油大さじ1(分量外)を入れて中火にかけ、ガラムマサラを入れる。香りが立ったら火を止め、油ごと鍋に加える。

mix spice 07 北インドカレーミックス

約4人分

ガーリック	10g
ジンジャー	10g
カルダモン	5粒
クローブ	5粒
シナモン	2本
ローリエ	1枚
コリアンダー	15g
ターメリック	2g
カイエンヌペパー	2g

生クリームや牛乳、ナッツを使って作る、こってりした北インドカレーにぴったりのミックススパイス。辛みは少ないが、エキゾチックな香りを出すシナモンを入れるのがポイント。

北インドカレーミックスを使ったレシピ
材料 鶏もも肉300g(食べやすい大きさに切る)、にんにく2かけ(みじん切り)、しょうが30g(みじん切り)、玉ねぎ4個(みじん切り)、じゃがいも2個(食べやすい大きさに切る)、塩適量、ガラムマサラ小さじ2 **作り方** 鍋にサラダ油大さじ2(分量外)、にんにく、しょうが、玉ねぎを入れて中火にかけて炒める。玉ねぎが透き通ってきたら鶏もも肉と北インドカレーミックスを加えてさらに炒める。香りが立ってきたらじゃがいもと水600ml(分量外)を加え、肉と野菜に火が通るまで煮て、ガラムマサラを入れ、塩で味をととのえ、盛り付けてから生クリーム大さじ2(分量外)を入れる。

SHOP DATA

コカレストラン&マンゴツリーカフェ有楽町店

レストラン「mango tree」の姉妹店として、"タイ伝統の味をカジュアルに楽しむ"をテーマにしたカフェレストラン。定番の料理のほか、タイスキの名店「コカレストラン」が併設しているので、タイ風鍋も楽しめる。

住所／東京都千代田区有楽町1-11-1　ビックカメラ有楽町店　6F
電話／03-3201-5489
営業／11:00〜23:00 (LO 22:00)
休み／無休
●https://mangotree.jp/shop/mangotree-cafe/yurakucho

ホットハウス トレッサ横浜店

食の都、金沢で愛され続けているホットハウスの横浜店。インド人シェフが作る本格スパイスカレーやタンドリーチキンは絶品。焼きたてのナンはカレーを注文すると食べ放題になるので、お腹いっぱい食べることができる。

住所／神奈川県横浜市港北区師岡町700　トレッサ横浜　南棟　2F
電話／045-717-7955　　営業／11:00〜22:00 (LO 21:15)
休み／不定休(トレッサ横浜の定休日による)　●http://hothouse.jp/index.html

ケムリカレー

イベント出店など、人気のフードトラック「ケムリカレー」の店舗。トッピングには豊富な野菜を使用。無化調と旬の素材にこだわったスープカレーやドライカレーは通もうならす味で、遠方からの客足が絶えない。

住所／神奈川県平塚市紅谷町12-11　オザワビル　1F
電話／090-8034-2528
営業／11:30〜14:30 (LO 14:00) 17:00〜22:00 (LO 21:30)
休み／月、水、日曜　※イベント開催の土曜日も休み
●https://ameblo.jp/kemuri-curry/

もうやんカレー大手町店

スポーツトレーナーだった店主が、年月をかけて作り上げた体に良いカレー。小麦粉は使用せず、大量の野菜と果物を数日間かけて煮込み、オリジナルに調合した熟成スパイスで仕上げるカレーは一度食べたらクセになる味。

住所／東京都千代田区大手町1-2　大手門タワー・JXビル　B1
電話／03-6256-0837
営業／月〜金11:30〜15:00 (LO 14:30) 18:00〜23:30 (LO 22:30)
　　　土、祝 11:30〜16:00 (LO 15:00)
休み／日曜日　●https://www.moyan.jp/

新宿中村屋 レストラン＆カフェ マンナ

恋と革命の味、純印度式カリーをはじめとした、中村屋を代表する料理が堪能できるレストラン。明治時代に創立者自ら海外で視察し、開発された料理が今でも提供されているかたわら、時代のニーズにあわせたメニューも豊富。

住所／東京都新宿区新宿3-26-13　新宿中村屋ビル　地下2F
電話／03-5362-7501　　営業／11:00〜22:00（LO 21:30）
金、土、祝日前11:00〜22:30（LO 21:45）　休み／1月1日

curry 草枕

一皿あたり丸々1個分のすりおろし玉ねぎが入ったルーと、辛さを調節できるスープが特徴。小麦粉を使わず、油も少なめなので、スパイスの風味が前面に押し出されている。店内には掘りごたつもあり、ゆったりと食事ができる。

住所／東京都新宿区新宿2-4-9　中江ビル　2F
電話／03-5379-0790
営業／11:30〜15:00（LO 14:40）　18:00〜21:00（LO 20:40）
休み／なし（年末年始を除く）
●https://currykusa.com/

カラバッシュ

アフリカのマリ、セネガル、コートジボアール、ケニアを中心にした本格アフリカ料理を楽しめる店。現地から直輸入した材料でアフリカ人シェフが作る料理は、ヘルシー＆スパイシー。自然の大地を感じられる店内も必見。

住所／東京都港区浜松町2-10-1　浜松町ビル　B1F
電話／03-3433-0884
営業／ランチ　火〜金11:30〜14:00（LO 13:30）
　　　ディナー　月〜土17:30〜23:00（LO 22:00）
休み／日、祝日　●http://www.calabash.co.jp/

ゴーゴーカレー 大手町日本ビルパーク店

ゴリラのトレードマークでおなじみのゴーゴーカレーは、黒いルーが特徴の金沢発祥のカレー。トッピングが豊富なのでオリジナルのカレーを作ることもできる。サイドにのせたキャベツの千切りは、食べ放題というところも嬉しい。

住所／東京都千代田区大手町2-6-2
　　　日本ビル・パソナグループ本部ビル　地下1階
電話／03-3246-0755　営業／11:00〜21:00　休み／土、日、祝日

とら屋食堂

厳選した野菜のみで作る、南インド料理の本格的なベジタブルミールス（野菜料理の定食）を食べることができる店。スパイスをたくさん使った料理だが、単に刺激だけではなく、野菜本来の奥深い味わいや風味を堪能できる。

住所／東京都杉並区西荻窪北3-18-6
電話／03-6454-7745
営業／ランチ　　11:30〜15:00（LO 14:30）
　　　ディナー　18:30〜22:00（LO 21:00）
休み／不定休　●https://www.facebook.com/torayasyokudou/

監修／ハウス食品株式会社

1913年創業。「ホームカレー」でカレー業界進出後、「食を通じて家庭の幸せに役立つ」を企業理念とし、国内における香辛・調味加工食品の製造販売事業を行う。"おいしさとやすらぎを"をコーポレートメッセージに、現在も幅広い製品を展開し、食の情報を発信し続けている。

料理・レシピ・スタイリング（店舗以外）／SouthPointサウスポイント、藤沢セリカ

世界中のおいしいもの、素敵なもの、楽しいことを追求し、生活にどう取り入れるかを研究＆伝授をミッションとするテンカウントのクリエイティブチーム。料理研究家の藤沢セリカを中心に企画プロデュースから撮影、スタイリング、執筆までトータルに手掛ける。

協力企業

■江崎グリコ株式会社
グリコお客様センター 0120-917-111

■エスビー食品株式会社
お客様相談センター 0120-120-671

■大塚食品株式会社
お客様相談室 088-697-0627

■オーサワジャパン株式会社
03-6701-5900

■株式会社アライド コーポレーション
045-530-9266

■株式会社ゴーゴーカレーグループ
http://www.gogocurry.com/index.html

■株式会社創健社
お客様相談室 0120-101-702

■株式会社 明治
お客様相談センター 0120-370-369

■シマダヤ株式会社
お客様相談室 0120-014303

■東洋水産株式会社
お客様相談室 0120-181-874

■日清食品株式会社
お客様相談室 0120-923-301

■ハウス食品株式会社
お客様相談センター 0120-50-1231

■もうやんカレー株式会社
moyan1200@gmail.com

■ヤマモリ株式会社
お客様相談室 0120-04-9016

■ユウキ食品株式会社
お客様相談センター 0120-69-5321

大阪のカレー特集

■アアベルカレー
大阪市西区九条1-25-9
フジイエステートビル　3F

■Columbia8 北浜本店
大阪市中央区道修町1-3-3　2F
06-6203-7788

■curry家Gha
大阪市西区京町堀1-9-10
リーガルスクエア京町堀103
06-6443-6295

■バンブルビー
大阪市西区西本町1-14-2
06-6944-8178

■ボタニカリー
大阪市中央区瓦町4-5-3
日宝西本町ビル　1F

■虹の仏
大阪市天王寺区四天王寺1-12-23
06-6777-4662

撮影協力

■UTUWA　　■ケララの風モーニング

世界のカレー図鑑

2019年7月29日　初版第1刷発行

監　修	ハウス食品株式会社
発行者	滝口直樹
発行所	株式会社マイナビ出版

〒101-0003　東京都千代田区一ツ橋2-6-3
一ツ橋ビル 2F
TEL：0480-38-6872（注文専用ダイヤル）
TEL：03-3556-2731（販売部）
TEL：03-3556-2735（編集部）
E-mail：pc-books@mynavi.jp
URL：http://book.mynavi.jp

印刷・製本　株式会社大丸グラフィックス

注意事項について
●本書の一部または全部について個人で使用するほかは、著作権法上、株式会社マイナビ出版および著作権者の承諾を得ずに無断で模写、複製することは禁じられております。
●本書について質問等ありましたら、上記メールアドレスにお問い合わせください。インターネット環境がない方は、往復ハガキまたは返信切手、返信用封筒を同封の上、株式会社マイナビ出版　編集第２部書籍編集１課までお送りください。
●乱丁・落丁についてのお問い合わせは、TEL：0480-38-6872（注文専用ダイヤル）、電子メール：sas@mynavi.jp までお願いいたします。
●本書の記載は2019年7月現在の情報に基づいております。そのためお客様がご利用されるときには、情報や価格が変更されている場合もあります。
●本書中の会社名、商品名は、該当する会社の商標または登録商標です。

STAFF
デザイン／小谷田一美
写真／久保寺誠
スタイリング／South Point
企画・編集／成田すず江、藤沢セリカ（株式会社テンカウント）、成田泉（有限会社LAP）
編集／伏嶋夏希（株式会社マイナビ出版）
校正／株式会社鴎来堂

参考書籍
『「ナイルレストラン」ナイル善已のやさしいインド料理』ナイル善已／著　世界文化社
『世界のカレー料理』酒井美代子／著　白夜書房
『カレーライスおもしろ雑学事典』ハウス食品株式会社　講談社
『ハーブとスパイスの図鑑』エスビー食品株式会社藤沢セリカ／監修　株式会社マイナビ出版
『スパイスガイドブック』ハウス食品株式会社
『カレーライスの誕生』小菅桂子／著　講談社
『海軍カレー伝説』高森直史／著　潮書房光人新社
『カレー・バイブル』ナツメ社

定価はカバーに記載しております。

©Mynavi Publishing Corporation
©TEN COUNT CO.,LTD.2019
ISBN978-4-8399-7013-0　C2077
Printed in Japan